Botho Strauß
Lichter des Toren

»Das Beste, was man tun kann: im Atem, in der Umwälzung, im steten Wandel der Werke zu leben. Ihre Höhe immer aufs Neue zu ermessen, sich zu berauschen an der Wirkung gewisser Gipfelstürmereien. Alles Übrige ist Fusel, gemischt aus billigem Schein, aus ebenso unverbindlichen wie unwahrscheinlichen Realien. Etwas, das man getrost den Obdachlosen der Globalität, den Vagabunden der Netze überlassen darf.«

Eine radikale Kritik am Zeitgeist der Gesellschaft – schlagkräftig, ironisch, scharfsinnig.

Botho Strauß wurde am 2. Dezember 1944 in Naumburg/Saale geboren. 1967 bis 1970 Redakteur und Kritiker der Zeitschrift »Theater heute«, 1970 bis 1975 Dramaturg an der Schaubühne am Halleschen Ufer in Berlin. Danach freier Schriftsteller; er lebt in der Uckermark und in Berlin. Er hat das deutschsprachige Schauspiel erneuert und zu internationalen Erfolgen gebracht wie kein zweiter Schriftsteller der letzten achtzig Jahre, und seine reflektierende wie seine erzählende Prosa bezeichnen in der deutschen Literatur nach 1945 einen Neuanfang, wie es sonst keinen gibt. Für sein schriftstellerisches Werk wurde er mit zahlreichen Preisen ausgezeichnet, darunter der Georg-Büchner-Preis 1989.

Botho Strauß

Lichter des Toren

Der Idiot und seine Zeit

dtv

Von Botho Strauß ist bei dtv außerdem lieferbar:
Herkunft
Vom Aufenthalt
Die Unbeholfenen
Rumor
Der Untenstehende auf Zehenspitzen
Theaterstücke III
Theaterstücke IV
Die Nacht mit Alice, als Julia ums Haus schlich
Der Narr und seine Frau heute abend in Pancomedia
Das Partikular
Die Ähnlichen / Der Kuss des Vergessens
Ithaka
Beginnlosigkeit
Schlußchor
Die Erinnerung an einen, der nur einen Tag zu Gast war
Die Fremdenführerin
Der junge Mann
Die Hypochonder
Mikado
Die Fehler des Kopisten
Kalldewey
Die Widmung

MIX
Papier aus verantwortungsvollen Quellen
FSC® C019821
FSC
www.fsc.org

2023 dtv Verlagsgesellschaft mbH & Co. KG, München
Zuerst erschienen 2013 im Diederichs Verlag, München.

Umschlaggestaltung: Lübbeke Naumann Thoben, Köln
Umschlagmotiv: Ömer Aydın / Pexels
Satz: 3w+p Typesetting Automation Experts
Druck und Bindung: Druckerei C.H.Beck, Nördlingen
Printed in Germany · ISBN 978-3-423-14862-7

MIT SEINEM BRUDER, EINEM KRETIN, ging der Junge die Landstraße hinaus. Wie steif und verordnet er schritt! Nicht mal hätte man sagen können, wer von beiden der Ältere war, der Begleiter oder das rundköpfige, tapsige Wesen, das er ausführte, eines von seinem eigenen Fleisch und Blut. Der Idiot hielt den Kopf gesenkt, und es lächerte ihn grundlos, im wesentlichen und schlechthin. Der Imbezille ist jemand ohne Stab (bacillum). Der gerade Bruder war ihm einer, er ging bei ihm eingehängt. Manchmal zuckte der Gerade mit dem Arm, so wie eine steife Gattin ihren betrunkenen Mann vom Torkeln abhält und an sich zieht. Ja, er riß sogar an ihm und zerrte ihn in einen festeren Schritt. Doch der Schwachsinnige unterbrach sich nur kurz und begann sogleich wieder sein hohes, wimmerndes Kichern, als wär's die einzige Äußerung, Belustigtsein, die sich ihm gleichsam von Gott mitgeteilt hatte über die Menschen, die einzige zumindest, die ihn in eine höhere Übereinstimmung zu versetzen schien. Es war beinah, als diene er einem leisen Dauergelächter, das aus den Sphären über die Erde erging, als Medium. Als wäre er willenlos wie eine Muschel bereit zum ewigen Wiedertönen. Unterwegs griff der Junge, der zum

Ausgang mit dem Idioten angestellte Bruder, in seine Hosentasche, nahm ein großes Taschentuch heraus und ließ den Kichernden sich darin schneuzen, so wie Mütter es mit rotztriefenden Kindern tun. Und gerade hierin, wie also der Bruder vor sich und den Leuten im Dorf den überlegenen Erwachsenen hervorkehrte, unbeholfen und geniert, hätte es für den Betreuten einen unmittelbaren Kitzel zum Kichern gegeben. Doch der Idiot ward ja aus unendlicher Ferne belustigt und spürte neben sich gar nichts.

Der Idiot erscheint wie ein Gemüt, das sich einmal zu weit ausspannte, sich überdehnte und nie wieder kontrahieren konnte. Vielleicht ist er der Erstgeschlagene und Prototyp unter den Menschen, die in Millionenzahl vom Verenden des Verstehens überrascht werden. Vorgänger auch eines gänzlich verschlossenen, autonomen Empfindens des Menschen für sich selbst. Alles, was der Idiot empfindet, empfindet er nämlich als selbstgemachte Empfindung. Von keiner Welt, keinen Sternen, keinen fremden Augen ver*ursacht.*

Verblödung als rebellischer Untergrund des Geistes interessierte Swift wie Flaubert. Ersterer erreichte sie selbst. Für Flaubert wurde sie die intime Partnerin seiner Wissensexzesse. Auch Gombrowicz war ihr dicht auf den Fersen. Erreichte sie aber nicht.

Swift zu Young: »Ich bin wie dieser Baum. Ich werde am Wipfel anfangen zu sterben.«

Zwei beflissene Gesellen wie Bouvard und Pécuchet wären heute zwei durch eine Überzahl an Verbindungsgliedern (»links«) unförmig gewordene Geistesmonster.

Die Intelligenz, die begierig die Dummheit betasten und sondieren möchte, errät sie nie.

Das Innere der Dummheit ist zart und durchsichtig wie ein Libellenflügel, es schillert von überwundener Intelligenz.

Während Intelligenz zur Massenbegabung wurde, sind Klugheit und Einfalt nahezu ausgestorben. Den Idioten gibt es daher in mehrfacher Symbol-Gestalt, auch als Januskopf: nach vorn blickt die Parodie des Informierten, der Info-Demente. Zurück blickt die Heiterkeit des Ungerührten. Der heitere Idiot in der Welt der Informierten zu sein heißt, ohne eine Regung von Zukunftsunruhe, ohne Angst zu leben. Statt dessen aber in einer den Informierten ungültigen Redeweise sich mitzuteilen, die jedoch ungemildert und unverzerrt die Vibrationen eines rumorenden Untergrunds wiedergibt.

Vieles muß er schmerzlicher und schärfer sehen als andere. Das hartkantig Verschiedene kann er nicht mit den Gleitmitteln der »vorprogrammierten« Vernunft oder des allverständigten Verstands davon abhalten, sich fortwährend zu reiben und zu stoßen. Das Einzelne bleibt ihm vereinzelt, er kann es nicht im Sog eines gierigen Ganzen begreifen. Es ist ihm kein Baustein aus dem großen Modulbaukasten.

Der Wahn war eine zentrale Metapher des zwanzigsten Jahrhunderts. Dem folgenden könnte der Idiot zum Inbild werden. Wenngleich »Jahrhundert« dann vermutlich ein schwammiger Begriff sein wird.

Jeder ist seiner Unwissenheit Schmied … Man möchte einem Kind entgegengehen, das vom Ende der erschöpften Intelligenz herüberkommt, um uns von Grund auf leise zu widersprechen und zu beweisen, daß wir Neunmalkluge einen gravierenden Anfangsfehler gemacht haben. Ein Kind, weder Kopf- noch Schenkelgeburt, sondern ein aus den hellsten Verzückungen unseres Wissens hervorgegangener hübscher, doch erdgebundener Geist: Man habe das Verstehen aus seiner Herkunft vertrieben, und diese Herkunft sei allein die orphische und nicht der gewitzte Verstand. Man habe das Dunkle verpönt im Namen einer überheblichen Ironie einerseits und andererseits im Namen einer teuflischen Geschicklichkeit. Inzwischen arbeite der Geist nur noch auf Hochtouren seines Könnensbewußtseins. Kein Bewußtsein, das ihn noch lähmte. Zögern ließe.

Jedoch nicht bloß zu können, sondern nicht anders zu können, daher rührten die Aufstiege.

Unser die Erde umkreisender Kopf befindet sich im engsten Perigäum … so nah und gedankenlos nah waren wir selten dem nackten Geschehen.

Es bleibt kein Zwischenraum, um zu »reflektieren«. Der Mensch so eins mit seinen Dingen, wie er's im ersten Zeitalter der Trance mit seinen Gottheiten war.

Der Ausspruch: »Ich denke niemals nach. Ich bin immer auf alles gefaßt«, der vom Dramatiker Georg Kaiser überliefert wird, eignet sich zur Devise des passenden Menschen.

Und Trance heißt nun: sich im Gefüge fühlen.

Zu Beginn des einundzwanzigsten Jahrhunderts ist der Typus des Außenseiters aus Gesellschaft wie Literatur so gut wie verschwunden. Der Einzelgänger, der sich fern von neuen Foren hielte, die nur nach Eingemeindeten zählen, besäße heute keinerlei Nimbus mehr, sondern erschiene wohl den meisten als schrullige Figur. Konformitäten, Korrektheiten und Konsensivitäten, das juste milieu der kritischen Öffentlichkeit wird von den Bakterienschwärmen neuer Medien lediglich verstärkt. Der Hauptstrom kann nur immer breiter, launiger und machtvoller werden – und dabei seine einlullende Gemeinschaftsbildung mit immer raffinierterer Technik betreiben. Allerdings gibt es kein Allgemeines, das das Besondere verhindern könnte. Wenn alle meinen, es käme noch am entlegensten Ort darauf an, sich genügend Gesellschaft online zu verschaffen, so kommt dem Unverbundenen eine neue Rolle zu. Im Gegenzug verstärken sich ihm seine diachronen Bindungen, verstärkt sich sein *absolutes* Verbundensein. Gleichwohl wird sein Stil gefordert und malträtiert von den Plaggeistern des Tags und auf das geltend Allgemeine unentwegt zurückgestoßen.

Für ihn, den Idioten, ist es, als ob alle anderen fein aufeinander abgestimmt sprächen. Heruntergeregelt auf den verträglichsten Stimmungsgrad. Fast unbewußt von moderierenden Persönlichkeiten vorgeregelt. Es bildet sich eine feste, kieselharte Förmlichkeit des aufeinander abgestimmten Sprechens, dic jeden einzelnen vom eigenen (schärferen) Bewußtsein abschirmt. Eine viel unnachgiebigere Konvention als jede frühere, aus bürgerlicher Zeit bekannte.

Unüberwältigt sprechen sie. Was sie überwältigen müßte, dringt nicht durch Zeit und Kleid.

Es ist nicht so, daß der Ungesellige oder Unbeteiligte, *idiotes* im sozialen Sinn, bereits identisch wäre mit dem Kyniker oder gar dem Debilen. Er bleibt zuvörderst staatsbürgerlich, jedoch mit dem Anspruch, sein Beteiligtsein mit einer aufs äußerste gespannten Empfindlichkeit auszuüben.

Ιδιώτης l'homme isolé, der Unverbundene, der Unbegreifliches spricht. Er dreht sich wie eine abgerissene Rose im Flußstrudel zielstrebiger Menschen – Menschen im Konsens. Eingemeindete, Zugehörige eines wundersamen Einvernehmens. Zielstrebige Leute, doch über ihr Ziel täuschen sich alle.

Privatperson. Gemeinschaftsstümper. Idios: beiseite, abseits befindlich; den einzelnen betreffend, dem einzelnen zugehörig. Idioteía: Privatleben. Torheit.

Der idiot savant, wie man zuerst den Autisten nannte, wäre als Begriff zu entlasten und vielleicht verwendbar für jene Abenteurer, die anders verbunden sind als nur untereinander. Das Verbunden*sein* wiedererstarkt in der Absonderung. Der Abgesonderte ist ja der *idiotes* im antiken Wortsinn.

Das Private ist fortfressender Raub an allen Lebensgütern, zuletzt des Herzens und des Verstands. Das Private im Extrem zersetzt die ganze Person (und das ist nicht nur die Maske, die sie für andere trägt), verzehrt sie restlos. Die Verwilderung beginnt. Le vieux sauvage. Noch einmal ausgesetzt. Er sucht in der Wildnis seinen Anbeginn. Schneisenschlagend.

Die Blöße, die sich der Idiot gibt, erschreckt wie jede Epiphanie durch Unverständlichkeit.

Eigentlich wollte er nur den Saum des anderen küssen, sobald er sprach. Seine Gegenwart wollte er ehren. Dabei kam Unverständliches über seine Lippen, und der andere wich zurück.

Was verstünde man nicht außer der Sprache selbst?

Was, wenn nicht Unverständliches, wäre also die Überlebensbarke der Sprache?

Der Korb, in dem das ausgesetzte Kind flußabwärts treibt, der Korb, aus dem der von Sprache geschlagene Stammler entsteht, der Führer und Verkünder.

An einem Pfingsttag, wenn Heerscharen von kleinen Maniaks den Wahn feiern und zugleich unzählige Exzentriker der Kunst sich begeistert fühlen, erleiden die, die's wirklich trifft, de-mentia, Entgeisterung.

Die Maniaks sind die Eiferer, die sich im Eifer dauernd zeigen wollen. Bei sich bleibt und allein der Imbezille.

Seine Sprache wurde ihm schließlich zum Genist aus gebogenen Anlehnungen und Bezüglichkeiten, eine knüpfende, hortende und hegende, eine Sprache, die sich in ihren Filiationen, ihrem Gezweig zusehends verdichtete, ihn nach außen abschirmte, so daß kaum ein anderer ihn noch verstand. Ganz und gar keine Sprache der Mitteilung. Deshalb fand auch nur er selbst, der blaue Hase, darin seine Stallwärme. Incommunicabilitas. (Incommunicabilitas der Person in ihrer thomistischen Version als geschlossene Einheit. Nur in ein abgeschlossenes Fach wird Gott eine Nachricht hinterlegen.)

Alles – Rauschwort des Thales wie des Imbezillen. Der Weise und der Idiot lieben gleichermaßen die totalitäre Emphase in den beiden Wörtchen: alles, nichts.

... und es zerfiel ihm alles in Muster und Module. Vielleicht handelte es sich nur um ein rundes Dutzend führender Betriebssysteme des Denkens, die das menschliche Hirn hervorbringen konnte. Nichts davon geht verloren, alles wechselt beständig die Farbe, die Stimmung, den Drehimpuls. Aber gehört es nicht zur Disposition des menschlichen Verstehens, nichts Unbekanntes unter der Sonne zuzulassen, sondern es unwillkürlich zurückzuführen auf ein Schema, das Schon-Bekanntes erkennt? Das Bewußtsein, daß es nie eine Bewußtseinsgeschichte gab unter der Sonne, überwältigte den schwachen Erwachenden. Ja, es beförderte das aufkommende Desinteresse des Geistes an sich selbst. So wie das Wörtchen »Nicht-mehr« seinen Sinn verlor, als das verheißungsvolle »Noch-Nicht« dahinsank, so wird man nun unversehens auf Altes blicken, wenn man glaubt, einen frischen Ausblick zu nehmen. Man

kann keine Sicht mehr vernichten, man kann sie nur botanisieren und eigenartig finden!

Bemerkenswert fand er, daß ihm die Schrift nicht mehr dazu diente, etwas zu fixieren, festzuhalten, sondern vielmehr als ein Bewegungsäquivalent für Liquides und für Fluktuationen, die er empfing oder deren er teilhatte. Es war längst nicht mehr eine Schrift »um … zu«, sie wurde ohne zweckdienliche Absicht ausgeführt. Es war einfach *die* Schrift, ein Empfangs- und Wiedergabeelement für ein permanentes Gewärtigen. Vielleicht war sie auch so etwas wie ein geistiger Aufheller, ein Restlichtverstärker, denn jede sporadische Gewißheit, die ihm zuteil wurde, war ja in Nacht und Dunkel gebettet.

Die Form des Gewärtigens ist eine grundsätzlich andere als die des Erzählens oder der Erinnerung. Sie ist im Großen wie im Kleinen der Unschlüssigkeit verpflichtet. Und praktiziert ein stetes (nicht erlittenes) Vergessen. Jeder Akt, auch der geringste, eines Offenbarwerdens senkt einen tilgenden Schleier über den vorausgegangenen Erfahrungsstand. Hier, im Gewärtigen, sammelt und schichtet sich nichts, entsteht niemals Geschichte.

Selbstverständlich gibt es keine bloße nackte Gegenwart, und selbst der reinste oder meinetwegen mystische Augenblick bricht aus irgendeiner tieferen Vergangenheit hervor, der geschichtlichen Erfahrungswelt, aber eben als versprengter Klumpe, nicht als Teil einer temporalen Verkettung, und sein Verglühen im Jetzt ist sein Einleuchten.

DIE MEISTEN NEUERUNGEN BETREFFEN den Komfort und führen bei den Menschen zu einem Zugewinn an Kaltschnäuzigkeit.

Wer sich an technischen Neuerungen berauscht, ist ein Schwachkopf. Wer sich ihrer zu bedienen versteht, ist ein Alltagsmensch, aus dem noch einmal etwas Besonderes werden könnte wie zu allen Zeiten. Der Bewegungsraum eines Menschen muß zu fünf Achteln anachronistisch sein und darf nur zu drei Achteln aus Unübersehbarem bestehen. Die Dichtung muß sogar zu sieben Achteln anachronistisch sein oder sogar ein Antidoton gegenüber der Neuerung, die uns immer etwas benimmt an orientierungbietender Vergangenheit. Den Anachronisten kann es nur als einen Voranstürmenden der Erinnerung geben, ein verbitterter Anachronist ist eine Zipfelmütze. Der Anachronist war seit jeher der bessere Deutsche. Die Romantiker lebten vom Mittelalter, die Zerrissenen Hölderlin, Nietzsche vom deutschen Griechentum. Anachronisten aber auch Hölderlin, Keller, Heidegger, Jünger – die, in Zeitwidrigkeit gefaßt, zu überzeitlich großen Entwürfen gelangten. Anachronisten sind weder die Epigonen noch die sich unter ihrer Zeit Hinwegduckenden –

sie sind immer die ungestümen Widersacher. Man kann in die Einsamkeit nur gehen als in eine unerhörte Offensive.

Früher gab's mehr von dem, was war. Heut gibt's zuviel von dem, was wird.

»Sind Menschen wir, dann die Altvorderen Engel; sind Menschen jene, wir wie die Esel«, so heißt es im babylonischen Talmud. Welche Selbstbescheidung aus Ahnenerhöhung! Nichts läge den Heutigen ferner.

Was der Anachronist über den Anachronisten sagt, sagt er schon nicht mehr als Anachronist. Sei stumm in deiner Absicht! Beredt in deinen Zufällen!

Das Alt*modische* ist die schlimmste Verhöhnung von Altem. Das Alte eignet sich nicht zu leichtfertigen Pastiches. Es arbeitet hart, sowohl als eigenständiges Plenum wie auch als Produktionsstätte von allem Neuen.

»Paradies, Paradies!«, riefen die Maurer von ihren Gerüsten dem wandelnden Idioten nach. Er geriet dann jedesmal in eine hohe Stimmung und blieb den halben Tag auf der Stelle unbeweglich stehen wie Symeon auf seiner Säule.

So wie der Asket das abgetötete Leben lebt, einen Extrakt des Todes zu seinem Lebenselixier macht, verweilt der Idiot in aufgegebener Zeit. Es ist ihm unmöglich, sich auf die Suche nach einer verlorenen zu machen.

Der Idiot, der Gedächtnislose selbst – treibt er nicht auf den Fluten uferlosen Gedenkens?

Treibt dahin wie die Barke, die jenseits des Horizonts in ewige Dunkelheit vorstößt. Kurz vor dem Umsteigen in den Jenseits-Nachen trifft ihn noch einmal der grelle Suchscheinwerfer der Verständigten.

Im Begreifen liegt immer etwas Gestriges. Wir begreifen ja das Neueste in vorgeprägten Formeln, die längst abgegriffen sind.

In ihren Vergleichen hütet die Alltagssprache Utensilien der Vergangenheit, die aus unserer Gebrauchswelt seit langem verschwunden sind: Die Wirtschaft muß man ankurbeln. Wo in unserer digitalischen Welt findet sich die einfache physikalische Vorrichtung der Kurbel noch? Sie war einmal: am Auto, an der Filmkamera …

In die sprachlichen Vergleiche dringt kaum Gegenwart. Man hält an den bewährten Metaphern aus Ahnenzeiten fest. Wissen und Technik unserer Tage setzen zwar jede Menge Idiome und Begriffe ab in die lebendige Sprache, sie scheinen jedoch nicht chiffrierfähig. Jeder in seinem *Schmelztiegel* achte einmal: wieviel von seinem geläufigen Verstehen auf frühindustrieller Metaphorik beruht.

Denn in uns ist Einst und mächtiges Einst, das wir nie aufgeben können und dessen Reibung mit einem Jetzt uns immer noch die segnenden Blitze beschert.

Der Widerspruch ist härter gegen die Schlauen zu richten als gegen die Dummen.

Die Kaltschnauzen gilt es zurückzuweisen, sie sind die schlimmsten. Und sie gibt es in vieler Art und Abart. Sie frieren nicht, wenn uns schon die Lippe vereist. Kaltschnauzen sind alle, die ohne Verbindung zum mächtigen Einst sich mitteilen und überhaupt nur als ein Masseteilchen der Kommunikation existieren.

Ohne Weltenkenntnis fehlt's an Herdverständnis. Ohne Globus auch kein Heimatbonus. Das Globale ist ihnen näher als das Häusliche. In herdloser Weite entsteht dann ein Heimweh nach vertrauten Verhältnissen. Was im Überfluß zur Verfügung steht, führt zurück zu den Quellen des Bedürfens. Der allseitige Schein erregt einen Wolfshunger nach freßbarem Geist. Das Umwälzendste nach dem Ende der Revolutionsepoche ist die Erfindung der Umwälzanlage, die das Verbrauchte nicht aus der Geschichte jagt, sondern es wiederaufbereitet, reinigt und neuer Verwendung zuführt. Wenn also der Globus ein Dorf, dann auch die Kirche darin lassen!

Wie Miltons Töchter dem blinden Vater die Klassiker in Griechisch und Latein vorlasen, ohne ein

Wort zu verstehen, so berichtet der Info-Idiot unter rein mimetischer Verwendung der Begriffe, die er niemals hätte erklären können, Neuigkeiten aus der Wissenschaft, vom plötzlichen Sinneswandel der Onkologen, die Da-Vinci-Methode betreffend, sogar den Sachkundigen schien's einem nützlichen Beitrag zum Verwechseln ähnlich.

Sollte nicht für eine alternde Gesellschaft die Gefahr, in ihrem Selbstverständnis schwachsinnig zu werden, ebenso groß sein wie für ein alterndes Individuum?

Das lange träge Starren vom Rand des Abends in die tiefe Nacht – ein Medium ist's, das tiefer verbindet als Datenströme die Gesellschaft der Schlaflosen aller Herren Länder. Allein in dieser zerstreuten, trüben, totmatten Öffnung, bei Vergabe aller Eigenheit, ist universale Gemeinschaft wahr. Erschöpft sind wir bedingungslos vereint, wir geben jegliche Bedingung für das Vereinen auf.

DAS GENAUE IST DAS FALSCHE. Das Genaue ist haloabschneidend. Es läßt den Hof, den Nimbus nicht zu. Unsere Lebenssphäre ist das Vage und das Ungefähre.

Nebel befeuchtete den Lehm, aus dem Gott den Menschen formte. Er blieb eine Beimischung seines Geistes.

Es wird vielleicht nie gelingen, die vorsprachlichen Prozesse, die uns zum Sprechen bringen, manchmal zum Sprechen tragen, in präzise Formeln zu fassen, wir bleiben immer undeutlich und instabil im Vorhof der Sprache. Die Worte weichen von ihrem Vor-Satz ab und fliehen in assoziative Verläufe. Diese produktive Unpräzision, die Halo-Form des Zu-Sagenden sowie (beim Sprechen) die Wolke des Mitzuverstehenden bilden wiederum die Voraussetzung für den Fortschritt, es noch einmal anders und wiederum anders zu sagen als gehabt. Deshalb gibt es dichte Sprache nur als ein genuines Abschweifen.

Selbst wenn ich Zutreffendes dächte, wäre Zutreffendes an sich kein lohnendes Ziel.

Lauter helle Burschen! Wie soll man als kleiner Träumer den Sperrgürtel der uneinsichtigen Vernunft, der die Welt umgibt, durchbrechen?

Ihr verwässert meine Tränen! Mit eurem Wissen vom Weinen!

Flüchtig die tieferen Dinge berühren, mit fluchtbereiten Gedanken oder manchmal wie ein Blinder, der mit den Händen nur eben nach bekannten Stellen tastet, um den weiteren Weg zu finden. Nur leicht gestreift, nur beiläufig erwähnt. Nur eben so. Nur gerade so eben. Umgang mit Ideen etwa so, wie wenn dich Blicke wacher Frauen streifen.

Die bedrückende Fülle der Bewandtnisse, Dramaturgie nicht abreißender Zwischenfälle, die schon den Fürsten im »Idioten« so unruhig und schwirrend machte – ist es nicht, als ob man von dem maßlosen Außenweltzauber wiederum in das beschränkte und reine Gemüt des Fürsten versetzt würde und es mit eigenen Sinnen spürte, wie ihm alles zuviel wird, wie ihn die schnell wechselnden Szenerien überreizen, bis er sich in schallendem Gelächter davon befreit?

Der Idiot, den Plaudern ebenso betört wie andere der Anblick einer schönen Frau oder des Meers. Niemand hat das Netzwerk/Nervensystem des Gesprächs – einschließlich des pan-artigen Erschreckens: Ach, Sie denken ja dasselbe wie ich?! (Aglaija zum Fürsten) – besser erfaßt als Dostojewski im »Idioten«. Der kontingente Dialog, die unberechenbaren Reaktionen und nicht ganz passenden Antworten. Der Fürst bringt das Radarsystem der logischen Ortung von Aussage und Replik durcheinander. Er hört das Widerlegte im Kern jeder Behauptung.

Myschkin wäre nichts ohne Gesellschaft. Er macht sie. Seine Unschuld, seine gesellschaftsnahe, aber nicht einvernehmliche Anwesenheit, seine Jesus-Similitudo ist ihr heimlicher Attraktor und untergründiger Impulsgeber. Ein Geistessplitter der Herrlichkeit steckt im Idioten. Aus allem, was er sammelt und sortiert, ragt gehißt und ungesprochen das Wort heraus: »Es gibt nur das Staunen und das Ungeschick.« Denn so widerfährt's ihm: vom Empfangen zum Sich-Verhalten. Er nimmt eine übermäßige Fülle in sich auf – und beim Wiedergeben, schon beim Beherzigen, verhaspelt er sich.

Es geht also nicht um den antigesellschaftlichen Affront des Idioten, sondern umgekehrt sind es seine hypersensorischen Orientierungen, die er der Gesellschaft infiltriert.

Quod deus latuit. Was Gott ins Verborgene setzte, hütet der Idiot und schützt es vor den Übergriffen der zentraldemokratischen Heilsformel »Transparenz«, »Öffentlichkeit«, »Aufklärung«.

Gleicht seine Unzeitgemäßheit nicht der des römischen Flamen, des einzigen Priesters für einen einzelnen Gott, dessen Bedeutung allgemein in Vergessenheit geriet? Flamen minor mit seiner Frau Flaminica. Stirbt sie, verliert er das Priesteramt.

Vielleicht ist er so einer wie vor Zeiten der Flamen Furrinalis. Diese Göttin Furrina war schon zu Varros Zeiten kaum noch jemandem geläufig. Es gab nur noch ihr Fest, die Furrinalia – wie heute nur noch die öffentliche Lesung an die Existenz des Buchs erinnert. Zu Diensten war er einer Göttin, von der man nichts mehr wußte. Einer vergessenen Gottheit, von der lediglich die Kultstätte bekannt war (auf dem Ianiculum). Man dient aber vorsichtshalber weiter. Es ist besser so – man weiß ja nicht mehr genau, wofür sie gut ist. Vergleichbar wäre also der Dienst eines heutigen flamen minor für eine Gottheit des Sprachrauschs, des Zungenredens, der poetischen Ekstase, der Wahnsagekunst – Gaben und Begabungen, die längst bedeutungslos geworden sind. Aber man weiß nicht, wofür sie noch mal gut sein könnten. Für alle Fälle gibt es dann den treu ausharrenden Flamen mit seiner Flaminica, die jener halbverschollenen Gottheit von Zeit zu Zeit die großen Poeme der Menschheit in wertvollen Ausgaben durchs Feuer reichen, opfern.

Der Hain, das Haus sein Tempel, das schmiedeeiserne Tor – dort wohnt der Idiot. Allein der Unverständige verletzt ein Fanum nicht.

Der gelernte Zeitgenosse, dessen altes Handwerk wie viele andere eines Tages überholt wird von einer Massenproduktion von Zeitgefühl und der folglich seine Genossenschaft verläßt, er fremdelt nun zuweilen gegenüber den brillanten Neuigkeiten, die man ihm zuträgt. Soviel Neues! Und es scheint sich ihm viel dringlicher interessant zu machen als früher, da er noch ein flinker Mitläufer seiner Tage war. Keineswegs sagt er sich: Ich bin nicht mehr interessiert. Sondern er sagt sich: Schön und gut. Das alles macht was von sich her. Doch ich will noch auf etwas anderes hinaus. Notwendig hält ihn mancherlei an gestern fest: sein Ton, sein Denken, seine Wünsche und Verletzungen. Eine Art Hieronymus-Gehäuse errichtet sich jeder im Bewußtsein seines Verjährens, bis es ihn gänzlich einbeschließt. Zu Haus! Endlich! Die Arbeit beginnt. Von hier aus läßt sich alles noch einmal neu ordnen. Und dann ist es bis zuletzt: der Ton, der noch nicht stimmt. Der Ton, der immerzu vorschwebt, doch jedesmal um den Bruchteil einer Schwingung verfehlt wird.

PRIVATMANN. SCHLECHTES WORT. Idiot ist besser. Idiotes. Er hat sich der öffentlichen Verpflichtungen entschlagen. Für ihn wird das Öffentliche von einer Vernunft bewegt, die ihn verlassen hat. Öffentliche Angelegenheiten erreichen in ihrem Zusammenwirken einen Grad an verflochtener Klugheit, die der Einzelne, Vereinzelte selbst niemals besitzen oder auch nur nachvollziehen kann. Es heißt doch: Die Strukturen sind allemal klüger als wir, die sie hervorbrachten. Dem erweist der Idiot seinen Respekt und mißt sich nicht mit dem Betriebsgeist der Dinge. Diese Enthaltung gewährt ihm eine gewisse Unabhängigkeit, deren radikalste Steigerung zugleich den Zusammenbruch jeglicher Kommunikation riskiert. Womit er schließlich in die Unterscheidung gerät: der gute oder der schlechte, der offene oder der geschlossene Idiot zu sein. Entweder Idiotes – der im Labor der Abkehr die feinsten Regungen ermittelt, weil er unter den Bedingungen der Isolation meint, die Gesetze der Verständigung mit größerer Sorgfalt untersuchen zu können als draußen in der Feldforschung. Oder Idiot – dessen Dämmern selten noch unterbrochen wird von grellen Ideen, greller Ahnung.

Zuletzt bleibt der Idiotes immer in Berührung mit seinem Grenzfall, dem Vollidioten. Der nichts mehr besitzt, was er mitteilen – mit anderen teilen könnte.

Der offene Idiot ist im Gegensatz zum Fürsten Myschkin kein Unschuldiger, der immer in Tuchfühlung mit der Gesellschaft, dem Salon bleibt, ohne ihn gar nicht existieren könnte, der gleichzeitig den Salon untergründig beeinflußt und dissoziiert, indem er an diesem Ort stets als »Kriterium«, als Unterscheidungsmahnmal aktiv bleibt. Der Idiotes hingegen befindet sich komplett ohne Salon und Wirkung.

Er sah um sich herum, daß alle Pakte zwischen Teilnehmenden fest geschlossen waren. Er selbst hätte nicht einmal zu zögern brauchen, denn sie erschienen ihm allesamt unschließbar. Aber wieviel Unterschlupf bot den Paktierenden diese ihm verschlossene Welt!... Vor Zeiten kannte man die diskrete Zugehörigkeit zu einer gesellschaftlichen Klasse, jetzt gab es statt dessen ein freies, sich selbst nie bezweifelndes Zugehörigkeitsgefühl an sich und weltumspannend. *Ich gehöre dazu*, ein stabiles Intransitivum, ein Tätigkeitswort für qualifizierte Untätigkeit. Zugehörig nicht zu einer Auswahl, nicht zum Kreis der Fremdlinge und Abtrünnigen, der Vergessenen und Verjagten oder zum inneren Zirkel der Macht. Denn Macht entstand ja nun von Gnaden jener namenlosen Gemeinschaften, die sich ähnlich wie assemblierte Neuronenverbände verhielten und die aufgrund ihrer synaptischen Aktivitäten zuvor nie geplante Vereinigung und Zugehörigkeit aus sich erst hervorbrachten. Zugehörigkeit in beinah allem, was da anfiel oder was da kommen mochte, eine ungeheure Diffusion, aus der sich jedoch plötzlich eine Ballung und Verdichtung ergeben, ein Titanenhaupt erheben könnte.

Ach, so redet das Schongeredete. Es dient dem Toren eine Hütte aus Altsprache als Unterschlupf. »Soll denn der Abwegige schweigen?« (Benn)

Furios grandios glorios. Os, der Knochen. Damit endet's. Die Vergangenheit des Furors. Vergangenheit dessen, der mit ausgebreiteten Armen den Hügel hinunterstürmt, um in der Menge Verwirrung zu stiften, in der Turba zu schwelgen.

Wohin mit des Zurückgebliebenen überwindender Kraft? Er küßt den Schwarm, die Schar, die Meute. Mannhaft voran und zum Durchbruch drängend. Doch der Ungestüme trifft auf den cordon sanitaire von ausgesteuerten Verständigungen, er prallt zurück. Eine neue Spielart, neuer Magnetismus von Masse lenkt ihn aus der Bahn, vergebens bietet er seine halb schon verausgabte Gabe.

Ach, laß sie laufen, laß sie spielen, laß sie schwatzen. Was läuft, verläuft sich; was spielt, verspielt sich; was schwatzt … Das Gewaltigste unter der Sonne ist das Vorübergehende.

So murmelt umkehrend der Aufwiegler matt. Der Zurückgeworfene, der Verdammte der Herberge. Befehlsempfänger der Niemandantur. Bald schwingt die Hüfte nicht mehr mit dem Schritt, und er wird lahmen. Durch Hunderte Gewölbe Wald hinkt dann ein einziger Mensch. Die schmalen jungen Birken gaukeln ihm ein falsches Bild von der Versammlung junger Menschen vor – von denen schleppen sich in Wahrheit die meisten mit Übergewicht durch die Straße.

Entsprang nicht *das Netz* dem Hirn, das immerzu weibliches Weben nachahmt? Schaffen nicht zeitlos die Vorgestalt all unserer Texte drei greise Frauen unterweltlich, die *anus textrices*?

Aber nein: kein Hirn webt! Aller Schwindel beginnt mit Metaphernschwindel! Auch erschafft Hirn keinen zusammenhängenden, reißfesten Stoff, keine Wolle, kein Tuch – es widerstrebt den Gesetzen textiler Bindung. Das Bildliche wie das Sinnbildliche scheitert am bildabweisenden neurochemischen Geschehen. Sinnbilder hatten Sinn zur Zeit, da man ein sichtbares, augenfälliges Handwerk betrieb wie nämlich das Weben. Willkürlich nennen wir weiblich die unendliche Arbeit an der Collage, die niemals gelingt, nennen weiblich das fließende Ineinander von faktenlösenden Träumen, mitteilungslos und verschwenderisch, und weiblich den Grundsatz von allem Erleben: Ich habe jeden Sinn für Zusammenhang verloren.

Weben, weben. Trennen, trennen. Der Schleier über dem Schleier, dieser Überwurf eines »maschentausendabertausendweiten« Gewebs (Else Lasker-Schüler). Derart sind wir in der Metapher des Schöpfungsmythos unentwegt aktiv, sobald wir »ans Netz gehen«. Die uns beschattende mythologische Gestalt, Herrin zugleich und selbst im Netz Verfangene, wäre die zum ewigen Spinnen verfluchte Arachne.

Vielleicht bleibt noch die ein oder andere Liebesnacht geheim, aber sonst stehen alle Türen offen. Was gäbe es außer Mafiazirkeln, das nicht jedermann zugänglich wäre? Transparenz! Und was ist eigentlich aus der Kunst der Diskretion geworden, die einst die Individuen untereinander vor den größten Unverschämtheiten der Selbstentblößung bewahrte? Diskretion wäre heute das zentrale Widerwort zu allem, was da läuft, sich äußert und outet. Man hat schnell vergessen, daß die bisher einzig würdige Form der »Kommunikation« unter Menschen auf der Voraussetzung von Diskretion beruhte.

Die klassische Proportion, die den Transport der Kultur ermöglichte, beruhte auf der substantiellen

Trennung der vielen oder Ausgeschlossenen von den wenigen oder Einbeschlossenen. Noch Borchardts Kritik an der Humboldtschen Bildungsreform betonte, es komme eben nicht darauf an, daß viele Griechisch lernen, sondern wenige. Die vielen verdünnen das Gut, jene wenigen aber erhalten es. Zwischen den vielen und den wenigen besteht kein Austausch, sehr wohl aber eine proportionale Abhängigkeit. Der Druck, den die Masse der Anwärter auf das System insgesamt ausübt, erhöht die Anstrengung der Begabten. Obgleich diese für jene weder Geleit noch gar Verantwortung übernehmen, verschaffen sie immerhin den Aufmerksamen einen Vorbild-Sog.

Pannwitz erwähnt im »Werk des Menschen«, daß Jung keine andere Pädagogik als die des Vorbilds anerkannt habe. In einem Gespräch mit Theodor Däubler weist er darauf hin: nicht auf die Jugend, sondern auf den *vir* komme es an.

Der ästhetische Urfehler ist der Plurimi-Faktor: das Hohe zugunsten des Breiten abzuwerten. Das Untere zur obersten Interessensphäre zu machen. Das Breite zur Spitze zu erklären. Inzwischen paktiert auch die Kunst liebedienerisch mit Quote und breitem Publikum.

Kaum einer, der Verbreitung nicht für Erhöhung hielte. Er müßte denn schon seiner Erfolge überdrüssig sein und aus purem Snobismus die Überzeugung hegen: die Frage des Niveaus wird in Zukunft wieder von der Begrenzung des Zugänglichen abhängen.

600 Millionen Netz-Autoren brauchen kein Buch – sie füllen Rückstände von Schon-Geschriebenem in ein Unbuch. Von Massenbewegungen fasziniert, unterschlägt der intellektuelle Götzendienst vor dem Populären die banale Erfahrung, daß diese Anrufung, immer der Quote nach, stete Anpassung nach unten verlangt.

Wir anderen müssen neue unzugängliche Gärten bauen! Zurück zur Avantgarde!

Das natürliche Bedürfnis gegenüber dem alles inkludierenden System geht nach dem ausgewählten Zirkel. Man halluziniert in der Schwemme die Weihen des George-Bunds. Gewiß ohne den Stern, ohne Geschichtsprophetie. Der Typus Meister und Führer ließe sich ohnehin nicht wiederbeleben, so wenig wie das paternale Familienoberhaupt oder der Reitergeneral. Den Führer gibt es nur noch als schräge Figur – in einem abwegigen Staat oder einer paranoiden religiösen Sekte. Ein geistiges Myzel indessen, eine untergründige Verbundenheit, ein ausschließendes Prinzip wäre wohl dienlich der Abwehr anmaßender Dürftigkeit.

Nicht feind der Demokratie, jedoch der Demokratisierung sämtlicher Lebensbereiche, feind dem demokratischen Integralismus.

Das Urteil der meisten freilich scheint heute entgegen dem früheren der Exklusivität (oder der tonangebenden Persönlichkeit) das wirkungsmächtigere, sogar tradierfähigere. Der Plurimi-Faktor bestimmt die Auswahl. Tatsächlich kommt in den Transport nur, worin die meisten übereinstimmen. Es wird so über Generationen gesetzbildend, kanonbildend weitergegeben. Die wenigen, die es anders sehen, bleiben hingegen ohne Hoffnung auf eine Umwertung aller Werte immer gleich viel an der Zahl.

Doch muß man die wenigen nicht erst ausrufen. Sie sind ja eine Gegebenheit wider Willen. Die das Sagen haben, sagen's nur unter sich. Von Podium zu Podium eilen sie, um jeweils dasselbe zu sagen. Sie bilden ohne Bekenntnis den inzüchtigen Kreis der Ausgewählten, nachlassend selbst und schwach geworden gegenüber der ehernen Bedeutungslosigkeit, die ein Geistesleben für die hofierten meisten besitzt.

Die politisch-pädagogischen Klartextprediger, die sich gegen die ästhetische Komplexion wenden und erklären, Kunst sei für alle da, und die gern die handfeste Botschaft, den gesellschaftskritischen Nutzen einklagen, sind andererseits die schlimmsten Verwicklungs- und Täuschungsrabulisten, sobald es um Reformen der Sozialgesetzgebung oder fragwürdige Finanzmanöver geht. Allein für die

Kunst fordern sie, daß sie für jedermann zu haben sei auf den ersten kostenlosen Blick.

Im Politischen bleibt die rhythmische Wiederholung ein und derselben Phrase ohne jede magische Wirkung.

Zur zweiten Scham führt eines Tages die Erkenntnis der *verbrauchten erscheinungslosen Nacktheit.*

Der Roman der langen Friedenszeit, der zahllose Fälle von sexueller Wegelagerei, brutalem Distanzraub schilderte, bringt vielleicht kurz vorm Ende noch das Kapitel, das von der wiedergewonnenen Unverletzlichkeit der Körpergrenzen berichtet. Von der Macht des intakten, bei aller Berührung zuletzt unberührbaren *anderen*, den wie eine Giotto-Figur ein nimbischer Schutz umgibt.

Da nun die wahren Lehrer die beherzten Wiederverschleierer, Wiederverschließer sind, werden sie sagen: Es ist das abgetragene Kleid der Entblößung, das die Sehnsucht nach der verschleierten Wahrheit weckt. Enthüllen hat seine Zeit und Verbergen hat sie.

In Ansicht der großen Werke, die aus weniger genitalobsessiven Zeiten stammen, ist es nicht unwahrscheinlich, daß erneut sich eine nähert, in dem der Sex den Rang einer Kulturleistung wieder einbüßt. Dazu könnten allerdings auch die Phobien der Unnahbarkeit führen sowie die einfache körperliche *Hypo*sensibilisierung, die das technisch-mediale Klausnertum zur Folge hat.

Wir drängen den neben uns wohnenden Muslimen unentwegt unsere Freiheiten auf, denken aber nicht daran, auch nur das geringste von ihrer sittlichen Freiheitsbeschränkung nachahmenswert zu finden oder auf uns abfärben zu lassen. Das Abfärben soll nur einseitig geschehen. Dabei täte etwas mehr Familie, etwas väterliche Stärke einem Erziehungsverhalten gut, dessen Schwächen allenthalben von staatlich geförderten Hilfen kostspielig kompensiert werden. Autorität zu bezweifeln, gehört jedoch zu den Pflichten, die der demokratischen Übereinkunft selbstverständlich erscheinen und die ihr leichtfallen. Im Zuge des Bevölkerungswandels werden sich möglicherweise andere Prioritäten herausbilden, als sie heute gültig sind.

Aber ihr Freizügigen! Seid ja geschlossener verhangen als jede Muslimin im Ganzkörpertuch. Eure Burqa ist eine feste Hülle aus Sprachlumpen, aus Nicht-Erscheinen- und Nicht-Blicken-Können. Ihr seht einander nicht und was ihr sagt, bleibt ungesagt.

Ihr tragt das Grau in Grau in Grau in Grau … Farbe des großen Nachlassens, das nicht aufzuhalten ist und nicht zu regieren. Das aber nicht aus diesem oder jenem Grund entstand, sondern einfach, weil

Nachlassen von Zeit zu Zeit über die Völker, die Nationen, die Gesellschaften und Generationen kommt.

Die Wiederkehr des Politischen, die Wiederkehr des Strohhuts, die Wiederkehr des langweilenden Romans und der guten Tisch-Sitten – nur weil der Markt inzwischen von Wiederkehren, dem Recyceln, lebt. Denn es heißt nicht: hier, das Politische neu gesehen, neu gedacht und wie nie erlebt! Der Roman: zu neuen Ufern aufgebrochen! Ja, das Neue oder Unverhoffte träfe ohnedies auf einen Schuppenpanzer, den wir tragen und der aus tausend Plättchen von Gehabtem besteht.

Von der Verruchtheit ihrer Zeit berichten uns Shakespeares Helden. Kein Lear, kein Hamlet ohne tief empfundene Kultur- oder besser: Sitten-Kritik. Wie leicht aber, von dort aufzusteigen zur Verruchtheit alles Zeitlichen. Doch damit setzte auch die Kunst des Dramas aus.

Wenn wir etwas von Sitte oder Sitten hören, dann sind es immer fremde »Ethnien«, die so etwas besitzen und für unser Menschenrechtsempfinden auch darunter leiden, also davon befreit werden müssen. Uns selbst in konturloser Kultur würden andere wohl niemals als eine Ethnie ansehen. Worte wie Sitte und Sittliches verbinden sich bei uns mit moralischer Scheinheiligkeit und werden vornehmlich auf die Fabel vom bürgerlichen Zeitalter bezogen, dessen Hypokrisien die Kunst seit anderthalb Jahrhunderten zahllose Entlarvungen widmete. Fraglos wäre es auch ohne ihr Zutun vicissitudine rerum, im Wellengang der Zeiten, versunken. Die Hypokrisie freilich hat sich als solche behauptet und sich unterdessen mit den Relikten des antibürgerlichen Aufstands verbunden, indem der Gestus der Sitten-Verletzung jegliche Sitte überlebt. Jedenfalls in den Künsten ist es immer noch die am weitesten verbreitete Gesinnungsübung.

Sitte aber ernst zu nehmen, heraufzuholen aus tieferem als dem bürgerlichen Grund, dafür ist der Künstler bisher noch nicht geschaffen.

Man hat gesagt, die mythisch sich wandelnden Götter hinterließen keine Spuren, sie erinnern sich niemals daran, wer oder was sie einmal waren. Metamorphosen, ließe sich daraus folgern, sind die genuine Form, um Gedächtnis und Erinnerung zu überwinden, die ohne Identität nicht sind. Das mythische Widerlager aller Geschichte: Ich verwandle mich, ich war nicht.

Jedermann lebt von Geburt an unter der Wirkungsmacht der Kunst. Ob zuerst vom Comic oder von der Bilderbibel betört, überall und zeitlebens wollen Formen und Gestaltetes Einfluß auf uns nehmen.

Ob es eine heimliche Furcht gibt, beim Existieren einmal von Kunst verlassen zu werden? Manch einer versucht ihre Wirkung auf sich zu steigern, indem er selbst welche hervorbringt. Doch führt das nur in Ausnahmefällen zu dem gewünschten Effekt. In der Regel wird er zurücktreten in die Zone der betörenden Kunst, die da ist und eigentlich kaum ergänzungsbedürftig.

Satanael ist ja am Menschen gescheitert! Er verlor seine Engelsgeduld über Gottes Plan, den Menschen zu erheben, so daß sich die Engel vor ihm beugen sollten. Welch treuer Adjutant wäre da nicht an Gottes Weisheit verzweifelt? Ein Drittel der Engelschaft blieb ständisch-konservativ und widersetzte sich den Gottesreformen. Gleichwohl verloren die Bestandswahrer und ist schließlich jener Satan entstanden, »die Fliege vom Ende der Gewässer Ägyptens«.

Sexuelle Obsessionen sind genau der Stoff, den man meiden sollte, um nach Metaphern für eine geschichtliche Unbegreiflichkeit (wie das Hitlertum) zu suchen. Aber anscheinend bietet allein der Sexus uns Aufgeklärten ein letztes Mittel, den Dämon aufzuspüren. Dergleichen bringt das inkommensurable Verbrechen immer in den Geruch ganz banaler Abgeschmacktheit. Das Unmenschliche ist ja keine Perversion des Allzumenschlichen.

Der Geist stirbt bekanntlich eher an zu viel Kommunikation als an zu wenig. Valéry war der reflektierteste Mensch seiner Zeit nicht aufgrund eines unablässig regen »geistigen Austauschs«, sondern aufgrund der eiskalten Isolation seines Denkens. Aber Poesie und Reflexion hat er nicht vereinen können? Das gelingt nirgends. Das Gedicht überwindet jeden Scharfsinn und läßt Denken aus sich heraufkommen. Dies aufkommende Denken aber kann man nicht fassen wie einen Gedanken.

Da Sich-Vereinen und -Versammeln nur den Dürftigsten gefällt, die Frage nach dem Unzeitgemäßen sich hingegen nicht mehr stellt, da wir im Grunde nur noch *erneuerbare* Gegenwart kennen, bleibt am Ende nur die Zuflucht in die Metapher. Letztes Schutzgebiet des Geistes, das weitgehend unzugänglich bleibt. Denn man versteht kaum noch etwas »im übertragenen Sinn«.

Nichts erhebt sich, nichts lockt und verführt wider das Explizite, das in sich Ausgesprochene.

Daher gilt: Verstecke bergen und nicht lichten. Unmittelbar Ausgesprochenes ist alles andere als das Unmittelbare, das spricht.

Der Einzelne und sein poetisches Reich – gegründet im neunzehnten Jahrhundert, niedergegangen im zwanzigsten, nur noch ein Märchen in unseren Tagen. Weder der Einzelne noch letztlich die hohe

Konzentration im exklusiven Kreis scheinen geeignet für kraftvolle und herrische Unzeitgemäßheit, abseits der digitalisierten Millionenscharen, die den Ad-hoc-Souverän generieren. Dafür geschieht jedem seine Unzeitgemäßheit Tag für Tag beinah unfreiwillig. Etwas in seinem Handeln, Denken, Empfinden und Sprachgebrauch ist mit Sicherheit *heute* von gestern.

Ein Schmetterling kann allein für sich sorgen, keine Biene gegen den Geist des Schwarms überleben. Nur für den Menschen gilt: Wenn sich der Geist des Schwarms als Ordnungsmacht etabliert, schlägt die Stunde der Insurgenten.

Untergang des Subjekts, sein posthistoire, das Verschwinden des Leib-Seele-Menschen wird für die spätere, die nächste Moderne, was die Heiligenlegenden für die Renaissance-Malerei waren. Man muß immer neue Varianten der Farbe und des Lichts erarbeiten, damit das altbekannte Thema, fern von der Verbrämung durch irgendeine »Wahrheit«, immer neue sinnliche Präsenz gewinnt. Es ist ein guter, dichter Topos, aber er will gepflegt werden.

O daß nur in Tönen und Farben, frei von Stoff und Mitgeteiltem, noch einmal geschrieben und chromatisiert würde! Und ein Impressionismus der neuesten Nuancen aufstiege.

Der Reaktionär läßt, was niemals war, geschehen sein. Er verklärt als der echte Epiker das Gewesene, um es jederzeitlich zu machen. »Das war nie und ist immer«, die Definition des Mythos (bei W. F. Otto nach einem Wort des Sallust), behauptet auch der Reaktionär, es macht ihn zum Geschichtsmythologen. Als solcher verfolgt er Ordnungsphantasmen, die sich eher einer fabulösen Eingebung verdanken als einem politischen Kalkül.

Man sollte meinen, daß inzwischen die mediale Zunft weiß, was sich diesem Typus literarisch zuordnen läßt, nämlich eine bestimmte Zucht von Gedanken, die das, was höher rangiert als sie selbst, erstens erkennt und zweitens nicht stürzen will, sondern sich ihm in der Hoffnung auf Teilhabe unterwirft.

Man muß aber erleben, daß mit dem Begriff nach wie vor nur der Bierschaum des politischen Stammtischs assoziiert wird. Die Mühlen des öffentlichen Bewußtseins mahlen leider nicht langsam, sondern immer wieder das schon gemahlene Mehl.

Der Reaktionär ist Phantast, Erfinder (der Konservative dagegen eher ein Krämer des angeblich Bewährten). Gerade weil nichts so ist, wie er's sieht, noch gar nach seinem Sinn sich entwickelt, steigert er die fiktive Kraft seiner Anschauung und verteilt die *nachhaltigsten* Güter des Geistes und des Gemüts. Oder die lange anhaltenden. Oder die im Erhalten sich erneuernden. (Um der entleerten Vokabel ein wenig variablen Sinn zu unterlegen.)

Zweifellos lebt er in Symbiose mit den Verhältnissen, die er verpönt, und einzig in seiner Sprache kann er sich über sie erheben. Er *muß* brillant sein, denn er tritt auf der Stelle, ohne etwas in Bewegung zu setzen.

Eine moralische Position, die man mitunter »rechts« nennt, gibt es nicht korporiert. Rechts kann nur der Neugierige abseits stehen. Er hält eigentlich keine Position, sondern ist vielmehr ein Idiosynkrat, den kollektive Selbsttäuschung, routinierter Gesinnungsbetrieb, intellektuelle Liebedienerei erschrecken. Er ist mithin eher eine Alarmanlage für eingeschlafene Füße des Geistes, ein Menetekel, daß »jeder erkletterte Thron zum Fußschemel eines neuen einschrumpft«. (Jean Paul)

Der Beiseitestehende muß daher im Beiseitesprechen sich üben und wird immer spröder und paradoxer reden.

Das Weiße wider das Schwarze, das wir mühselig zu einem festen Seil verflochten, wird, ohne daß wir's ahnen konnten, hinter unserem Rücken von einer Eselin wieder gelöst, die das Seil nicht frißt, sondern nur aufknaupelt – und die losen Fransen wohin? Sie sind es, verweht, die auf die Nachfolgenden kommen. Das mächtige Seil wäre nicht verflogen und hätte niemandem genutzt. Jedes lose Ende eines Fadens könnte der Anfang einer Zündschnur sein. Es entwickelt sich eins aus dem anderen, und jede Entwicklung kann sich überstürzen.

Die tiefere Lage ist die, daß Oknos, der Greis, umsonst, für nichts flicht und die Eselin für nichts das Seil löst. Er arbeitet nicht, sie tut es nicht. Sie haben unzertrennlich ihren Zeitvertreib. Flechten, das stets wieder gelöst wird, ist so wenig sinnvoll wie Geflochtenes wieder zu lösen. Der Alte hat nichts zu tun und tut etwas. Er will ja nichts herstellen, er will endlos beschäftigt sein. Das größere Umsonst, die Absurdität schlechthin wäre ein festes, unzerrupftes Seil ohne Ende – also ohne jeden Nutzen.

Daß Plexie, Verflochtenheit, das Radikale unmöglich macht. Die Wurzel wird gesteuert von einem wurzelübergreifenden Myzel, der Anfang besteht aus voranfänglichen Schleiern, das Eine aus dichtverwobenem Vielem.

Die Wurzel ist eingespiegeltes Geäst. Selbstähnlichkeit, nicht Embryo der Gestalt. Ebenbildlichkeit, Spiegelscheinwürfe zwischen Anfang und Ende, früh und spät.

Chronoplexie: verflochtene Zeiten halten mehr Erschütterung aus.

Jene Minuten, Stunden, Tage eines geistigen Zusammenbruchs im Sog des Zusammenbruchs aller Kultur, als

Nietzsche und Burckhardt 1871 der Falschmeldung erlagen, der Louvre sei von der Kommune in Brand gesetzt und sämtliche Kunst vernichtet.

Wahrscheinlich empfand Nietzsche nie tieferen Schmerz. Alles Schreiben, alles künstlerische Schaffen umsonst, wo so etwas der Menschheit widerfährt. Schuld, die weit über die der Frevler (communards) hinausgeht. Die geistige Zerstörungskraft einer Falschmeldung. Kaum denkbar, daß sie mit erfolgter Richtigstellung wie nicht gewesen verbucht wurde.

Die Schrift – und sie mag noch so sehr allein sich selber meinen – will immer doch Haftfläche sein. Klebstreifen für die Fliegen des Geistes. Und daß ich solch altmodische Lockmittel auslege, beinah wie einer, der mit dem Werbeplakat um den Wanst geschnallt an der Straßenkreuzung steht, das macht mich zur lächerlichen Figur. Denn nicht eine einzige Fliege unter den Menschen fällt darauf rein!

Postscriptum, ein Zeitalter.

»Ist intensiv der Verstand geübt, so erhält er seine Kraft auch im Zerstreuten.« (Hölderlin, Pindar-Fragmente)

Ach die Stunde der eleganten Rekapitulierer, da sehr viel Beschwerendes nicht in Erinnerung blieb. Sie wissen nur das Gehabte. Beherrschen das Wiederum. Wissen dies und das. Holen es aus dem Wissenstiefkühlfach. Wie gehabt. Den jungen und geschicktesten Rekapitulierer umringen in der Bibliothek ein Dutzend feurige Wißbegierige. Der alte Kerl indessen, immer wieder neu sein Rüstzeug richtend, der nie das Gehabte wissen wollte, anderes aber noch nicht genau genug zu wissen bekam, bleibt unumringt. Trägt seine letzten Ausleihbücher, Magellan betreffend … zurück, die mürbe Aktentasche ausschüttelnd. Stand auch für kurz im Feuerkreis der Fragemeute. War einmal.

Was sind schon die vielen Romane, die er seit jungen Jahren las, verglichen mit den Millionen erzählenden Gesichtern, die im Schlaf ihn durchwandern! Gesichter, die niemals sehen, ihn niemals erblicken werden, denn sie ziehen in ewiger Kohorte durch seinen Traum. Nacht für Nacht sieht er diesen gewaltigen Migrantenstrom von Gesichtern, der nicht abreißen will, und nicht eines darunter, das ihm bekannt vorkäme, das er im wirklichen Leben je sah, und so viele sind es, daß er – wenn die Nächte niemals anderes bringen als fortgesetzt diese endlose Prozession – bis zum Lebensende alle Gesichter dieser Erde gesehen haben wird.

DIE MODERNE IST VON DER IDEEN-WELT in die Innenwelt gezogen und von der Innenwelt dann in die Umwelt. Dort herrscht Zerstörung, Verseuchung, Verschwendung, dieses Reich gibt es nur als vom Kollaps bedroht. Und darin haust der verfügte Verfüger, das ökopathetische »Wir«. Verstrickt in zahllose Abhängigkeiten und Wechselwirkungen, müßte dieses Wesen die Eigenschaft eines selbstkritischen Adlers besitzen, Raubvogel und Zweifler in einem, gleich scharfsichtig.

Nicht die graue Sorge, die den rastlos Tätigen erblinden läßt, nicht die Sorge, die zum Wächter des Seins bestellt ist, sondern allein die geschäftig-geschäftliche Zukunftsorge ist es, die zur Kritik der Gegenwart dient. Man möchte zu gern einigen Späteren beim historischen Erwägen unserer Dilemmata zuhören! Ob sie nicht vielleicht unser Epochenbewußtsein einmal für das vergrämteste und krämerischste halten, voll unschlüssiger Berechnungen, ideologisch verdorbener Analyse und anthropozentrischer Halbwahrheiten.

Wenn ich nur wüßte, welche die größte Naivität meiner Zeit gewesen sein wird!

Aber wird nicht auch das, was wir gerade tun, eines Tages, wenn es war, größer sein als das, was die dann Heutigen tun?

Die liberale Epoche hat das geschichtliche Verkennen verlernt.

In seiner dem Laktanz gewidmeten Studie bemerkt Blumenberg, daß der Kirchenvater das seinem Weltalter zugewiesene falsum apparere nicht erkannte. Den falschen Schein der eigenen Epoche zu durchschauen, ist wohl der Zeitgenossenschaft generell verwehrt, dafür wird er den jeweils Nachfolgenden schlagartig bewußt. Sie aber werden durch ihr besseres Wissen daran gehindert, den Charakter und die Substanz jener Befangenheit zu ermessen, die das Bewußtsein ihrer Vorgänger einschränkte.

Man muß niemanden Zerstörung lehren. Die Künste, die den Müll der Welt zu spiegeln vorgeben, vermehren ihn nur. Den Kunstbegriff gilt es auf Brennpunktgröße zu verengen.

Verkommenheit und Verwüstung menschlicher Verhältnisse waren eine Zeitlang zum selbstgefälligen Thema der Bühnen und Galerien geworden, sie wurden satt daran. Kein Wunder, daß diese beharrlich diagnostizierte Verkommenheit von ihrem ästhetischen Nachvollzug kaum zu unterscheiden war. Die Künstler-Gnostiker sprechen vor der Hand von der Niedrigkeit politischer Machenschaften, unter der Hand aber davon, daß niemand zu etwas Höherem als den Verhältnissen aufblicken kann, da nun einmal das Aufblicken an sich verlernt wurde. Auch ein fernes Leuchten am Horizont steigt ja letztlich von den Müllfeldern auf, niemand sollte zweifeln, daß es vom Schwelbrand der Abfälle stammt.

Der *Macher* über sein neuestes Projekt: »Ich hoffe, daß es auch emotional stimmt.«

Was dann »emotional« so abläuft, ist vom Herzen so weit weg wie der Mouseklick vom Kuß.

Das Wort »Projekt« dient seit einigen Jahrzehnten als Alibi für unvermochte Form. Wo ein Projekt sich abzeichnet, sollte ein Projektil nicht fern sein, das es erledigt.

Die Bilder-Kunst befindet sich in einer geradezu beruhigenden Wechselwirkung mit ihrer Zeit. Der Markt macht sie stark. Aber welches Bild ist stark genug, Bild-Keil genug, um sich zwischen uns und jetzt zu schieben, einen Spalt zu öffnen, durch den das präsente Bild sehr fern erscheint und wir, was uns vor Augen ist, erst noch zu suchen hätten? Denn »alles, was da ist, das ist ferne und ist sehr tief; wer will's finden?« (Kohelet 7, 24)

Es gibt in Wahrheit ein Zuviel an Schönem und Wegweisendem. Zuviel, von dem man sich abwenden muß, und sei es nur, um für sich den Garten der

Vorlieben zu schließen und nicht dem Überdruß am Vorbildlichen und Herrlichen zu erliegen, das in Wahrheit unerschöpflich ist. Auch dem Laster des Vergleichens sollte man nicht nachgeben, damit der Garten der getroffenen Auswahl unter den vielen anderen, die noch prächtiger oder besser gepflegt scheinen, sich nicht verringert.

Der alte westliche Mensch ist nun der durch und durch verspielte. Der spielend Getäuschte – vielleicht auch der Verspielte, der verspielt hat? Die Spiel-Hölle wird wörtlich werden und die Hölle des Verspielten sein.

Kaum eine Vorstellung von der unausdenklichen Hölle gibt es, die nicht seit je überbildert wäre. Satt und trunken von visuellen Gelagen, die Kunst und Filme veranstalten, konnte man die Hölle an jeden beliebigen Ort auf Erden verlagern. So besteht kaum noch Verbindung zum Urfluch des Ausschlusses, zur Verdammnis in Nichts und Leere. Zu einer Ewigkeit, in der einfach nichts passiert.

Neugier und Respekt gegenüber den uns fremden Gesetzestreuen bleibt den wenigen vorbehalten, die es sich zumuten, die Sache in den schärfsten Kehren der Ambivalenz zu ertragen. Die meisten wenden sich bereits mit Empörung ab, sobald ihrem gewohnten Lebensstil aus religiösen Gründen mit Distanz begegnet wird.

Die es nach dem Strafgericht der Entbilderung

verlangt, die ihr Leben unter den Buchstaben ihrer Religion stellen, wenn nicht gar in den Dienst einer Rück*verwortung* der Welt, werden aber unter radikalisierten Umständen auch unseren Überfluß an bildlichen Kunstwerken nicht verschonen.

Für die wenigen hieße, vom westlichen Lebensstil zu lassen, sich abwenden von Kubrick und Mark Rothko. Massen können das, die wenigen können es nicht.

Man kann aus keiner Wolke mehr fallen, wie etwa Benn aus der Wolke Spengler-Nietzsche fiel: Untergangs-Zauber! Der freilich auch günstig der Selbstberauschung des Artisten war und diente dem erhöhten Ausblick übers Abendland. Aber wir erben, erben und erben. Die Artistik läßt sich nie wieder so verfeinern, der Wörterglamour nicht erneuern. Man geht jetzt nüchtern vor und regt in Kommissionen Maßnahmenkataloge an.

Das Untergangsfeuerwerk bestand aus funkelnden Worten, das *millenarische* Gefühl (Hofmannsthal) verlangte nach Endzeit-Fête, dergleichen wiederholt sich nicht, Prognosen schläfern ein, doch lieber so eine rauschende Ballnacht des Geistes als noch eine Klimakonferenz.

SPÄTES OKTOBERLICHT. Von feurigem Laub leuchtet der Reformationstag, die letzten Kraniche schreien im Feld. Meine Freunde die Nachzügler. Man kennt sie gut und schätzt sie in der Literatur. Das reine Xanthos-Strahlen des Bergahorns – es wirbt mit dem Schein reifer Birnen um mein Wort und mein Erinnern. Die Bäume, die uns ihren Nutzwert, das ausgestoßene Kohlendioxyd zu fangen und zu binden, nicht in Rechnung stellen, fordern jedoch, daß wir ihr Erscheinen in gerechten Metaphern fangen und binden. So gibt es zweierlei atmenden Austausch mit Bäumen. Vielleicht weil wir warme Tage hatten zuletzt, laufen die Farben zu solch trockener Pracht an und gleichen nicht wie sonst vergorenen Früchten.

Untröstlich stimmt der Baum, der unfähig ist, stolz auf sich zu sein.

Traurig und enttäuscht zieht sich dic Liebe mit den Jahren von der sie abweisenden Schönheit der Natur zurück. Ach, wie gern wollte sie sich verschwenden an all das, was sie anzog, was ihr so viel gegeben hat! Sie stieß auf ein totes Stück Holz, eine plumpe Krume – und im Inneren nur der Dampf der Moleküle. Die Seele erfährt spät erst ihre weltumspannende Einsamkeit und ihren einsamen Narzißmus. Sie hat stets nur sich selbst geliebt. Geist und Herz haben in vertrautem Zusammenspiel alles, aber auch alles unter sich ausgemacht. Sie erzeugten die schönen Dinge sowohl wie die Gefühle, die diese auslösten. Und es geschah einzig um des Wohltuens willen. Doch der spät erst sich erkennende kognitive Narziß ist unschuldig – er ist ein Opfer seiner blinden Liebeswünsche, die eben immer nur Liebeswünsche um der Liebeswünsche willen waren. Nicht, daß er hoffte, der glitzernde Bach würde je seinen Arm um ihn legen, nein, aber daß er das ihm verliehene Ansehen, daß er Munterkeit und Freude auch wirklich selbst besäße, auch wenn er sie niemandem vorführte und nicht für den Menschen so munter sei, das mußte er doch immer sich einbilden. Einfach weil seine Natur ihm diese Einbildung aufzwang, denn die Natur des Menschen ist eine bildnerische wie die Natur der Ameise eine chemotaktische. Auch seine, die kognitive Natur wird von einer nicht abreißenden Geschäftigkeit des Herstellens beherrscht, der Kreation, der Fabrikation von Farbe, Form, Sinn, Gestalt, Zusammenhang. Allein in dieser rastlosen Emsigkeit der Produktion von Sinn und Bild ist er der Gesamtheit der Naturvorgänge eingegliedert und sogar in der Blindheit seines Betreibens jenen Tieren und stoffwechselnden Pflanzen verwandt, die sich unerbittlich den Schönheits-Begriffen verweigern, die der Betrachter ihnen ansinnt.

Der Stillekoster. Er kann nahezu ein Dutzend Stillen unterscheiden.

Zum Beispiel jetzt: die Stille des Vergilbens.

An einem klaren freien Herbstmorgen, wenn das, was außer Reichweite liegt, greifbar nah erscheint, wird der Idiotes von einer Wolke leichter Geselligkeit gestreift, fühlt er sich bei einer befreundeten großen Familie zu Gast, fühlt sich von Kindern und Verwandten umgeben und umspielt, angesprochen und wieder gelassen … Ja, ist es nicht Sache des Todes, uns in der Wiege leichter Geselligkeit, inmitten von Kommen und Gehen von seiner Sanftheit zu überzeugen?

Das Staunen kehrt wieder – der alte Mann betritt insofern ein Wunderland, als ihm ringsum das meiste verwunderlich erscheint und seine lang gehegte Anschauung vom verhandelten Leben unterläuft. Ein Ausrufer war er, Behauptungshäuptling, bevor er nun ein leiser Frager wurde; ein frei und ungebunden flüsternder Mann. Mehr Mannesschatten als Mann, was da jeden Nachmittag durch die verschneiten Felder schreitet. Wie alt überhaupt ist jemand allein, ungesehen und unverglichen? Und dann, was ergeht er sich täglich?

Im grauen Himmel wühlt die Wintersonne, und eine erste einzelne Flocke, suchende, fällt herab, Quartiermacher für den breiten Einfall des Schnees – langsam torkelt der Melder und Späher, die Kundschafter-Flocke.

Alle Kontraste ausgekostet. Behauptungswille korrumpiert die aufrichtigsten Worte.

Sie sollten aber gleichen dem verwehten Weg, dem bleichen Licht, dem rötlichen Erlengrund. Und gern mal Undurchdachtes dem beflissen Durchdachten vorziehen! Unvermeidlich gelangt er an einen Kreuzweg – den zwischen endgültiger Ernüchterung und endgültiger Betörung (die ihn also endgültig zum Toren macht). Der eine Weg führt ihn zurück zu Menschen und Tagen, der andere tiefer in Nächte und Träume, tiefer ins Wunderland.

So wählt er den wirren Weg des Diminuierens ... klein und kleiner zu werden, um besser zu passen, tiefer geeignet zu sein für Überwältigung. Überwältigtsein ist ja der letzte Sieg der Leidenschaft.

In diese Zeit fällt auch die Entdeckung tieferer Gewöhnlichkeit in allem Gewohnten.

Das täglich im Alltäglichen Übersehene, das nun gebrauchten, gebräuchlichsten Dingen den Anschein von Reife und Wachstum verleiht.

Die Zeit fließt nicht, Metaphernschwindel. Sie umfängt und schaukelt den immer aufs neue zu Gebärenden, es ist eine uterale Zeit, und die Krümmung des Ungeborenen, universale Signatur des Einbeschlossenen, verläßt er nicht beim »aufrechten Gang«.

In seinem tieferen Gestalt-Vertrauen ist er nicht davon abzubringen, daß Höhle gleich Höhle sei und jede Verborgenheit eine Brutstätte: Weshalb, wenn ich im Uterus was wurde, sollte aus mir nicht auch in der Urne noch etwas werden?

Daß er sich alles gefallen ließ und einsichtig dazu nickte, als gäbe es für den Gutmütigen nur ein Ziel: erweiterte Gutmütigkeit. Um ein gerüttelt Maß an Hinnehmen und Dulden verstärkte Gutmütigkeit.

Man könnte ohne weiteres über beinah alles abschließend sprechen.

Denn in Sprache endet's, wenn Sprache endet.

Solche, die vermessen genug sind, die Vernichtung der Erde für einen vom Menschen zur Disposition gestellten Jüngsten Tag zu erklären, geben sich auch gern der Illusion hin, dem listigen Techniker könne es gelingen, eine Art trojanisches Pferd zu konstruieren, um es schließlich in den Himmel zu bugsieren und Gottes Allmacht zu erobern! (Während sie doch in Wahrheit, um den Mythologemen freies Spiel zu lassen, unverändert im glühenden Leib des Phalaris-Stiers gefangen liegen, in denen sie auf ewig geröstet werden und die Welt mit ihrem Wimmern erfüllen!)

Das Stirnband des Joggers wird zum glühenden Eisen-Reif, der in seinen Schädel schneidet, immer zwingender sich zusammenzieht, bis er drinnen die Amygdalae, beide Hirn-Mandeln, gänzlich abschnürt und ihm so die angeborene Vorsicht raubt. Die Pein trifft einen lästerlichen Läufer, der jedesmal, wenn er bloß stolperte, die Faust gen Himmel reckte und wütend »Kreator!« brüllte.

Wo blieb die Moral der Technikkritik? Wer spräche noch von der Selbstzerstörung der technischen Zivilisation (à la Günther Anders) anstatt gleich des gesamten Planeten? Spätestens mit der rettenden Version der ökotechnischen Wiederbegegnung mit den Vorsokratikern, mit den Elementen Wind, Feuer (Sonne), Erde – ist eine eschatologische Beruhigung eingetreten. Außerdem wirkt zu dick aufgetragen die Untergangs-Vision, wenn es lediglich um eine Verquickung von Sach- und Meinungszwängen in Bereichen geht, die mit rationalisierbarer Furcht einerseits und dämonisierbaren Fakten andererseits operieren wie etwa bei den bekannten Klima- oder Atomkraft-Szenarien. Als Gesinnung vernutzt, als Gefühl erschöpft, paßt Untergang in keine herrschende Stimmung. Anhaltend hingegen sein Zauber in den Simulationen zahlloser Spiele und Filme. Als Untergang noch ein Gedicht war, lagen dem Dichter letzte Spuren von Ragnarök im Blut. Die immerzu simulierte Apokalypse löscht jede Tiefenahnung von ihr.

IN DEN STEINBRÜCHEN VON SYRAKUS predigte Paulus angeblich drei Tage lang. Man muß sich nicht den salbungsvollen Redner vorstellen, sondern einen am Fels sich festkrallenden, der ringt um die Gnade des Worts.

»Auch wenn ich ein Idiot bin in der Rede (ἰδιώτης τῷ λόγῳ), bin ich's doch nicht in der Erkenntnis. Das ist euch ja allgemein bekannt.« (2. Kor. 11, 6)

Überhaupt ahnt man nichts von der Wort-Gewalt des Stammlers und kennt nicht mehr die Erschütterung, die von stockender Rede in die Menge getragen wird. Und wer sich der glossalen Verhaltungen des anfänglichsten aller Redner bewußt ist, hört noch in den steinernen Geboten den behinderten Verkünder, den, der stotterte.

Er habe zeitlebens gezittert bei gewissen Stößen zu Beginn eines sprachlichen Rumorens. So seien ihm niemals ein schöner Stil, sondern nur Notate eines Vorbebens entstanden. Er sei deshalb nichts als ein Balbutiant … ein abrupt Sprechender, ein Hinkender auf Mitteilungswegen, gerate schon ins Zittern beim Scharren der Syntaxen im Untergrund, von denen niemals eine unversehrt seinen Mund verlasse. Ein Erleben des Lebens, das keinen schönen Stil, sondern nur Notate der Erregung zulasse. Ein Balbutiant eben, der, obzwar er nicht wirklich stottere, doch in ständiger Aufruhr sich verhasple. Der in seinem Ungeschick immerzu gegen eine von Geschicklichkeit strotzende Welt anzusprechen wage und dabei unvermeidlich gegen die Ordnungsmacht des Intellekts pralle, deren Wächter beim Teetassenschwingen die Köpfe der schwierig Sprechenden rollen lassen, nicht achtend, daß leicht leben ein Attribut der Unsterblichen ist und leicht sprechen erst recht nur im Elysium geschenkt wird.

Ein Autor, der sich viel auf seinen eleganten Stil zugute hielt, stieß bei seinem geliebten Seneca auf die Bemerkung, daß sorgfältige Wortwahl und sprachliches Raffinement mit Sicherheit auf einen verspielten Intellekt ohne Tiefgang hindeuten. Er fühlte sich unmittelbar aus den Katakomben des klassischen Altertums angerufen und getadelt und verfiel einer ernsten Schreibhemmung. Jedoch auch als Gehemmter schrieb er weiter, und siehe da, dank seiner Hemmung verloren seine Sätze die eitle Freude an sich selbst, und sein Stil wurde uneben und rauh, wenngleich nicht holprig. Er packte die Worte beim Schopf und setzte sie mit festem Griff an die richtige Stelle.

Naiv bleibt noch das entwickeltste Bewußtsein, sofern es nackt und außerhalb des Kunstwerks sich ausspricht. Höchstes Bewußtsein kann nur im Kunstwerk gezeugt, gerettet, bewahrt und umwälzend erneuert werden. Implicatio schafft – das Ausgesprochene entläßt. Das Eingefaltete behält und behält sich.

Worte im *Klartext* sind in der Sprache so viel wie das Verlanden stoffreicher Niedermoore im Bruchwald. Das Gesagte, Ausgesagte sucht in jedem Satz seine sinnreiche Zurückgezogenheit, weil es wie nicht gesagt leben will.

Die Schrift ist von allen Schatten der schattigste. Man sieht ja wohl, daß der Bildschirm mit elektronischer Schrift ganz und gar keine Wachstafel ist. Die Schrift kommt hier aus Erloschenem und strebt zum Erlöschen.

Auspizien sammeln sich dem ansässigen Mann. Er sieht der starken Vögel geübte Feder. In verschlungenen Flügen schreibt sie die Botschaft künftiger Entbehrung.

Die Handschrift läuft schief, sie neigt sich nach der Kraft, die von fern an ihr zieht. Nicht anders als im Lebenslauf: wer rennt nicht schief mit vorgestrecktem Hals über sein Ziel hinaus?

Deshalb Aufenthalte. Haesitate. Des Zögerns kreisende Zeichen.

Das Große und Ganze der Metapher. Vom »Buch der Welt« bis zu den Buchstaben-Sequenzen des genetischen Codes. Beides war schon da, als es auf Erden noch keinen einzigen Buchstaben gab. Das Leben ist nicht geschrieben entstanden. Der Gott der Schöpfung ist kein Autor. Und was wir jetzt lesen, entziffern wir nicht in der Originalsprache.

Es ist auch furchtbar, alles für Schrift zu erklären, wo lesbar nichts geschrieben steht. Engramme! Erinnerungsschrift. Ist aber nichts eingeschrieben, enthält nur flüssige Lösung, wird wohl ein Tröpfchen aus der großen Alles-unter-einem-Dach-Lösung sein. Denken Fühlen Sprechen Träumen – große Rührschüssel, nährstoffreiche Lösung und darunter der Lippen-Speier, aus dem es tropft oder sich ergießt … Es ist unbefriedigend, Erinnerung immerzu Erinnerung nennen zu müssen. An sich ein gütiges, treffendes Wort. Man wünscht es erfunden zu haben. Gemeint ist offenbar die Darstellung gelebten Lebens in den Facetten neurochemischer Erregungsmuster. Keine Ablagerungen, keine Sedimente, nur Prozesse und feuernde Zell-Verbände. Alles unter einem Dach.

Wir, Rätsel niemandem im Äther als uns selbst. Vollkommen Isolierte, abgeschieden von der Welt der Flügelschläge und sichernden Gerüche, aufsteigend den engen Wendelgang der Sprache wie in einem düsteren Turm, der, so hoffen wir, eines Nachts, zum Hörrohr des Himmels geworden, unser Gewisper vernommen sein läßt …

… und gleicht es nicht den Mühen des Narren,
so leise zu stolzieren, daß ihn der Boden
nicht bemerkt?
Er drückt aufs Knie, wovon das Bein sich streckt,
er läßt den Fuß erst schweben und dann,
den Boden mit lautem Räuspern überlistend,
ganz sachte treten, das andere Bein schon
mitgezogen.
Wieder ein Schritt! Glückwunsch.
Noch siebzehn Meilen bis zur Küste, wo das
Meer beginnt
und sich kein Grab mehr auftun kann plötzlich
unter seinen Sohlen.

Niemand außer den Sternen lacht noch über uns. Der Slapstick irdischer Verrichtungen insgesamt erscheint nur aus größter Entfernung und in der Totale als solcher.

Wovon handelt die Welt? Von Myriaden gekonnter Griffe, die am großen Unvermochten nichts ausrichten.

So gibt es alles. Das einzige, was es nicht gibt, ist der Punkt hinter allem. Punktum!

Es ist nicht weiter verwunderlich, daß es im Netz »das Wertvolle auch« gibt, denn es entspricht dem Stil der

Kommunikation: Das Nützliche borgt sich vom Unnützen den schönen Überfluß. So daß am Ende die große Gegebenheit von allem das Barock-Gefühl für die Vergeblichkeit von allem wiederkehren läßt.

Der kleine Raum, in dem nichts als Nachlassen geschieht, das Nachlassen aller Kräfte, Wünsche, Sinne, und so, als könne man behutsam schwinden, Zentimeter für Zentimeter, Schein um Schein ablegen, immer weniger werden, Übergang ins Unscheinbare, bis unmerklich Abwesenheit überhandnimmt und man ganz verschwunden den Raum erfüllt.

»Er glänzt durch Abwesenheit« meint wohl eigentlich: in seiner Abwesenheit Glanz.

Irgendwann ist auch das Unerreichliche erschöpft. Mit den Resten verbrämt man, was man hat.

Jeder Satz versichert sich seiner Abstammung aus deutschen Sätzen von Hamann bis Musil. Zu schreiben, ausgesetzt der medialen Weltoffenheit, verstärkt im Gegenzug eine nationalliterarische Introvertiertheit.

Ein Buch ist eine Verschlossenheit, sieht aus wie eine kleine Schatulle, die man öffnet – aber man tritt ein in die Verschlossenheit. Ein Buch war immer das komprimierte Zimmer, in dem man es las. Der beste Leser war nie der, der über ein Buch redete, sondern der seine Verschlossenheit teilte.

Inzwischen zählt der Dichter nur noch als veranstalteter. Sein Werk findet bei Gelegenheit statt. Es ist nur im Rahmen eines Festivals präsent und findet dort sogar vorübergehend das Gehör der großen Schar.

Man muß wissen, »daß nämlich heute auf fünf Autoren ein Leser kommt … Schreiben können viele, lesen aber nur wenige.«

Teixeira de Pascoaes, der große mystische Dichter Portugals im 20. Jahrhundert, in einem Gespräch mit seinem Übersetzer Albert Vigoleis Thelen (abgedruckt im Nachwort zu Teixeiras »Hieronymus«).

Bei dem Wort *kommunizieren* stellt allein der Akkusativ die Verbindung her.

»Der Mensch kommuniziert Gott, damit Gott in ihm sei, und er kommuniziert die Früchte der Erde, damit sie Bewußtsein erlangen und auch der Göttlichkeit teilhaftig werden.« (Teixeira de Pascoaes in seinem »Paulus«-Buch. So seine Transsubstantiationsvariante.)

Die Rattenplage der Kommunikation erledigt jeden stillen Gedanken, jedes unverwechselbare Gesicht?

Umgekehrt verhält es sich, wird man einwenden: die Substanz des starken Individuums verdankt sich seit jeher seinem Adaptionstalent. Seine Innen- wie seine Außenfläche ist bestückt mit sehr viel freien, ungenutzten Andock-Stellen für Veränderungen. Über sie holt sich der Starke das Nötige herein und verleibt es sich. Die Schwachen sind wie eh und je Spreu im Wind.

Auf der Flucht, sich in Sicherheit zu bringen, ist selbst die Ameise mit sich allein und die mächtige Kollektivsteuerung fällt aus.

Jünger und Teilhard, wenn nichts sonst, teilten die Überzeugung: das Ende übergibt uns der Vergeistigung. Das Bewußtsein der Menschheit transzendiert wie das des einzelnen: es entweicht in die Noossphäre, es versammelt sich im Punkt Omega, was in Äonen nicht untergehen kann.

Sie ahnten beide nicht, daß auf informationstechnischem Weg (des Großen Speichers, der universalen Cloud) dies Ziel »unter der Hand« schon auf Erden erreicht werden könnte.

Wer hält sich noch an Linien, wenn die Wolke uns umhüllt, Daten in der Billiardenzählung von Petabytes, worin wie in jeder instabilen Ordnung kleinste Bestandteile des Guten wie des Bösen immerzu durcheinanderschwirren?

Den Menschen frei von Furcht und Zittern zu haben, ohne Größe und Fall (zu denen allein ihn seine Erbarmungswürdigkeit befähigte), ist dem modernen Leben längst selbstverständlich. Das rationale Verstehen überhebt sich zwar immer wieder an dem, was eigentlich mit dem Dämon auszumachen ist, dafür erreicht es, daß die meisten Gemüter bei einer durchgängig mittleren Gestimmtheit sich gesichert fühlen. Dabei sind dem seelischen Gehör gleichsam die Höhen abgeschnitten. Viel ist erschreckend neu nur deshalb, weil es aufgrund reduzierter Dimensionen des Empfangens und des Gedächtnisses so eingeschätzt wird. Manchmal aber überkommt's einen Hörenden und er will noch einmal die Schwingung eines einst schon erreichten Empfindungsvermögens vernehmen, ist süchtig nach dem besseren Gehör – doch durchbricht er die zwingende Schwerhörigkeit nicht mehr.

Zu dem, was ist, und dem, wie es beschaffen ist, kommen bei Augustin noch die *manentia*: Was bleibt und immer ist, wie es ist. Wie also liest du die Himmelsschrift der Sterne, urania grammata, die du in diesem Moment erblickst? Momentan oder manentan?

Dazu die folgende frei erfundene Anekdote: Für den Abt von Bursfelde – nicht zuletzt, weil ihn sein Fürst gezwungen hatte, dem katholischen Glauben abzuschwören und sein Kloster nach protestantischem Bekenntnis zu leiten – war das gesamte späte Mittelalter eine Periode undefinierbarer und datenloser Zeit. Wenn überliefert war, daß einer seiner Vorgänger von 1265 bis 1303 amtierte, so verdankte sich das seiner Meinung nach einem Tick der Klosterbrüder, dem Tick, mit Zahlen zu spielen bzw. sie aus dem freien Spiel zu entfernen und für die Festlegung von Zeit zu verwenden. Eine Marotte, die eines Tages den Klostermauern von Bursfelde entwichen war und sich kurz darauf in alle Himmelsrichtungen verbreitete. In Wahrheit aber gab es keine Abfolge in der Zeit, sondern nur aus gleicher Dauer auftauchende und wieder verschwindende Dinge, Menschen, Geschehnisse. Die Zeit war wie ein Altwasser, abgeschlungen vom Fluß, ein reiches Biotop, eine eternale Dependance, aber sie war nicht der Fluß selbst.

Die Aristoteliker hatten immer: kein Anfang, kein Ende im Sinn. Offenbar wurden Urknall und Entropie dem abendländischen Denken nicht in die Wiege gelegt.

Lathe biosas. Eingezogen leben, im Raum eines Glücks, das zweifellos der Vergangenheit angehört, doch so wie das Licht eines erloschenen Sterns, das jetzt erst bei uns ankommt. Und manchmal sich selbst in eines Davongegangenen Wänden spüren.

So oft wir auch einiges wiederholen, das Ganze ist ein einziges Mal. Dies Ganze – dein Raum, Raum genug für Einmalundniewieder.

Wenn keiner mehr nach dir fragt, bist du angekommen in deinem eigenen Haus.

Die große luftige Halle, erbaut aus Nichtgerufensein. Überhaupt wird alles Stoa-Raum, was fehlt. Das Ideal, das letzte, das dir blüht: Durchlässigkeit von Mensch und Wand und Welt. Brunnenhalle, Wandelhalle – jeder Gang ein Übergang!

Auch dieser »der andere«, der dir als Person erscheint, ist längst ein permeabler Kerl, durch den du ein und aus gehst.

Andere lieben andere Orte. Das Jenseits denkt sich jeder kindlich aus.

Also gibt es auch die helle, langgestreckte Brunnenhalle, ohne Anfang, ohne Ende, in der die stillen freundlichen Geschöpfe endlos kuren und alle nur von einem einzigen Heilwasser trinken. Die Brunnenhalle wird ganz licht und grenzenlos, aber erst wenn sie von gebändigten Menschen, wie es die Toten sind, bevölkert wird. Diese Leute, die nun wissen, daß die Interessen, die sie zu Lebzeiten verfolgten, nichts bedeutet haben, und deren Stirn überhaupt von höherer Bedeutungslosigkeit zufrieden glänzt, sie sind die Wächter deiner Verborgenheit.

Es ist nur … um der verlassenen Stühle willen im Garten, um des Mundtuchs willen, das zerknüllt über der

Tischkante hängen blieb … Da gewesen zu sein, um der gleichgültigen Schönheit aller Hinterlassenschaft willen … Die Dinge bleiben zurück, auch die neuesten bleiben liegen und wandeln sich nicht. Eine Flasche mit hellem Wein zerbricht, er fließt über die Stufen in seidigen Flammen. Eine Chiffre! Chiffren, als wär's ein anderes Wort für kleine Lebewesen mit Chitin umhüllt, kleine krabbelnde gepanzerte Bilder, in die sich der Geist zurückzieht, in Sicherheit bringt, inkrustiert, worin er wechselnd Feuer und Sintflut überstand und die seit Urzeiten dieselben sind: Fels und Finger. Quelle, Wand und Dolch. Wein, Pferd und Nabel.

Dort, wo wir für immer rückwärtsfahren … Wenn sich der Eiszeitmensch fürs Jenseits alles auf den Kopf gestellt und jedes Schiff rückwärtsfahrend dachte, eine verkehrte Ordnung oder besser: dieselbe Ordnung verkehrt herum vorstellte, dann wird auch von diesem Mythos noch etwas in uns stecken, denn es scheint dem Idioten, als sei er über weite Strecken des Lebens auf einer Probefahrt unterwegs gewesen.

Der Idiot und seine Zeit – Zeit, der er zum Erkennungszeichen wird, und solche Zeit, die seine eigene, mit niemandem mehr geteilte ist.

Quot capita tot sensus. Wie viele Köppe, so viele Meinungen. Davon kann bei politisch korrektem Sinnen und Trachten keine Rede sein. Und wenn

Valéry daraus macht: tot capita tot tempora, dann entsteht eine große Vision der Selbständigkeit. Jeder lebt in seiner eigenen Zeit(-Monade). Es gibt keinen Anachronismus und kein allgemeines »Zeitgefühl«. Die zeitinsulare Persönlichkeit. Der Idiot.

Einst werden die Menschen so zeit-empfindlich sein, daß sie das geringe Zittern um den festen Zeit-Punkt als bewegte Historie erfahren.

Der Schmerz mit seinem Schrei überfällt die Neuigkeit, die Nachricht, und wird sie töten. Der Schmerz allein bleibt unkonsumierbar. Alle übrigen Stimmen verschlingen einander.

Wie kann es sein, ich bitte dich, daß du dem Diogenes anhängst und gleichzeitig dem Dädalos den größten Respekt zollst? Also dem Bedürfnislosen wie dem Ingenieur, nach Fortschritt strebenden, huldigst? Du, der sich zufriedengibt mit dem, was ist – gerade noch ist! – bist Freund auch der ehrgeizigen Entwicklungen in Wissenschaft und Technik.

Antwort: Nun, ich mache alles mit, benutze das Handy mit Androidsystem, Blu-ray-Beamer, Navigationsgerät und High-end-Verstärker, jede elektronische, informationstechnische Neuerung reizt mich zum Kauf, ich lese die Zeitung auf dem Tablet. Aber ich weigere mich, das menschliche Schicksal in den Revolutionen des Komforts sich erfüllen zu sehen.

Im Übrigen ist nicht zu leugnen, daß diese neuen digitalen Verfahren jede Erinnerung an den »Realismus« unserer erzählerischen Vorfahren behindern oder sogar schon gelöscht haben. Es fällt mir von Mal zu Mal schwerer, der alten linearen Narrationsform zu folgen, der Geschichte eines Romans. Mein assimilierter Text ist daher das gedrängte Segment, mein Echo der Abschnitt, der nicht in einer Folge, sondern in einer untergründigen (»vernetzten«) Verbindung zu allen übrigen Segmenten steht, die miteinander am Ende ein simultanes Tableau und keinen Verlauf ergeben. Mein digitales Maß die Minutie, Fingerabdruck meiner Zeit und Weile. Die Kleinigkeit, die unverkennbar macht.

Ich klaubte tausend Zeichen von einem Menschen – und übersah sein Gezeichnetsein.

Jeder steht vor dem anderen als vor einem Schaufenster. Nur von vorn, ganz vornean sieht er ihn. Wer kennt schon von wem mehr als die Vorderansicht? In sie ist sogar das verbliebene Innere eingepackt. Selbst die Sorge, die tiefe, haben die meisten zu lösbaren Problemen gevordert. Ihre Sprache entbehrt der Not, »daß dies anders zu sagen sei als so«. (Paul Celan)

Auch wenn es nur ein tropfendes Rinnsal ist – fallende Wasser sind alle geschwätzig.

Besonders Brunnenspiele erzählen mit ihrem unvorsichtigen Geplätscher lauter Bagatellen von der großen Wasserfahrt, die sie nicht kennen. Denn der dunkle schwere Fluß bricht sein Schweigen nicht.

Ein Leben ohne jede Bescheidung. Erziehungsprodukt von Angebotswirtschaft und Emanzipation.

Große Gemälde lehren: der Mensch sei noch von andersher beleuchtet als nur von Mensch zu Mensch.

Dem entgegnet der Profane nüchtern: das träfe ebenso auf Millionen von Lemuren zu, die unter dem Schimmer der Bildschirme dahinvegetieren.

Vor großen Gemälden, den stillen, fließt beim Betrachten das Spülicht lumpiger Bilder ab, mit denen wir täglich besudelt werden. Die Werke reinigen uns von ganzen Strömen visuellen Schunds.

Man erfreut sich auch eines Kunstwerks, das nichts als die Verzweiflung des Künstlers ausdrückt. Es hat doch, eben als Kunstwerk, ein schönes Gesicht. Jeder gutgewachsene Satz, den ein tiefer Pessimist niederschreibt, bejaht als solcher die Welt. Er hat etwas gefaßt – und die Erkenntnis des Elends strahlt wie ein Diamant. Die Freude, die das Kunstschöne auslöst, ist im Grunde lauterer als die religiöse Freude. Sie steht vielleicht zu ihr in Konkurrenz. Die religiöse Freude ist vom Glauben abhängig und braucht letztlich kein Objekt. Umgekehrt ist die Freude am Kunstschönen nicht denkbar ohne Objekt, wenn auch ebenso wenig ohne Transzendenz. Immer aber ist sie ein Stück Daseinsfreude, die zwischen Gegenstand und Zustand nicht unterscheidet. Aber das bloß Interessante vollzieht schon den Abfall vom Schönen.

Die Konsensivitäten von heute berühren sich mit den Baconschen idola fori – Idolen des Markts. (Bruchstücke einer »vorurteilsvollen Sinnesart«) Sie entstanden seit jeher aus engem Beieinander und dem Gemeinschaftsdrang des menschlichen Geschlechts. Ihr Bindemittel sind die Übereinstimmungsklischees. Die Ausgeburten der Fühlungnahme gesellen sich denen, die der Schlaf der Vernunft gebiert.

Der Evolutionsbiologie entlehnt, gilt die Bezeichnung *Mem* – eigentlich eine Art kulturelles Pendant zum Gen – im Internet inzwischen für Gedankenrezepte, die sich durch Kommunikation weit verbreiten und viele Ähnliches denken lassen. Netz-Schwärme sind keine konsumistische Masse, sondern lassen in korrelierten Prozessen dominante Leitsysteme entstehen, die im Kern dieselbe Botschaft verbreiten – in Meinungen, Vorlieben, Verdammungen und Direktiven. Sie wählen dann Ethan Ripkowiz aus Rumänien zum berühmtesten Weltbürger, weil er in einem Kurzvideo bewiesen hat, daß sich sein Gesicht durch Auflegen heißer Mangoblätter in ein Birkenastloch verwandelt. Und wenn er später bekennt, daß es sich bei seinem ungeschnittenen Filmchen um ein fake gehandelt hat, so wird er noch berühmter.

Seid umschlungen, Millionen, hielt man die längste Zeit für eine gewagte menschenselige Hyperbel, bis sich zeigte, daß sie die Zukunft der Facebook-Freundschaften, das Alle-Welt-Gefühl des Stubenhockers besang. Darin sind alte Einsamkeit und alte Geselligkeit gleichermaßen verloren. »Eine über die Welt verstreute Dynastie von Einsiedlern hat die Erdoberfläche umgewandelt.« (J. L. Borges in Tlön, Uqbar, Orbis Tertius)

Am Inkommensurablen und Inkommunikablen großer Kunstwerke ändern auch die machtvollsten Verbreitungsströme nichts. Sie ermöglichen lediglich einen komfortablen Sieg der mittleren Intelligenz auf mittlerer Linie.

Was und wer wurde nicht schon zum Leviathan ernannt? Lange bevor dieser seinen machtvollsten Umriß, die Gestalt der medialen Öffentlichkeit annahm, der totalitären Unverborgenheit des Lebens. Unbezwingliche, unregulierbare Kraft, die alles beherrscht, gängelt, sich genehm macht, verzehrt und ausspeit. Nichts bei sich behält, nichts lernt und niemals bereut, welche Deformationen und Zerstörungen sie auch ausrichten mag.

Gegen den Markt des breitgetretenen Quarks, dessen Autoren in digitalen Massen sich vordrängen, zuletzt gegen Verbreitung überhaupt muß das Buch immer dichter und verschlossener sein. Es wird sich resakralisieren. Wobei in dem hochtrabenden Wort die Ironie mitklingt, mit der der Verleger Stendhals dem Autor über den mangelnden Verkaufserfolg von »Über die Liebe« berichtete: Ihr Buch ist heilig. Niemand rührt es an.

Dem unordentlichen Molekül-Geschehen eines eingeschlossenen Gases gleicht die innere Verfassung des Wartens: es hat keine Geschichte. Nichts tendiert hier zu einem Ende oder verliefe linear. Es wimmelt von Möglichkeiten, Erinnerungen und Virtualitäten, so daß die Entscheidung für eines dieser Muster aus Schwirr- und Schwebteilchen wirklichkeitsfremd wäre.

Was kümmert mich die Weltsicht eines Philosophen, solange sie nicht wurzelt in poetischer Materie?

Eine Ansicht muß so schön sein wie eine Aussicht.

Nichts mag stimmen, wenn nur die Stimmung überzeugt.

Man kehrt nur dann zu einer Ansicht zurück, wenn sie schön ist – also unbegreiflich letztlich. Wenn man Leidenschaft aus ihr beziehen kann.

Es gibt so viele große Werke der Kunst, aber nur sehr wenige Menschen, die sich rein halten für ihren Einfluß. Die Läuterung der Ansprechbarkeit bedarf vieler Stunden, in denen du nicht sprichst. Was man tatsächlich schulen kann, ist, empfänglicher zu werden.

Das Aussenden beherrscht überbordend die Welt, die Leistungen des Empfangens lassen eher nach. Der Drang, sich mitzuteilen, gerät meinem Nächsten ständig außer Kontrolle. Seine Rede bildet sich nicht, wie es die Kybernetik des Gesprächs verlangt, in der geheimen Rückfrage bei mir, dem Empfänger. Sie berücksichtigt mich nicht.

In der Sprache können wir Tag für Tag weniger Welt bewältigen. Je großspuriger (»globaler«) man redet und rechnet und denkt, umso gewisser findet sich die letzte Ritzung, die das Wort vermag, in einer sehr entlegenen Provinz.

Die Fesselung des Sohns fesselt für immer den Vater an sein Opfer. Die geistige Wende der Menschheit zum Ein-Gott-Glauben geschah im hebräischen Altertum durch die »bindende« Geschichte von Abraham und Isaac, die Akedah. Der Sohn sagte zum Vater: Binde mich. Ich bin stärker als du.

Da nun in zweihundert Jahren unwiderruflich der letzte blonde Mensch in Europa geboren wird, übrigens eine Finnin, man hat sie schon vorausberechnet und vorherbestimmt, fanden sich in dunkler Vorsorge immer mehr Rotschöpfe untereinander attraktiv. Die Zahl der Rothaarigen nahm europaweit zu, und binnen weniger Jahrzehnte hatte sie sich verzehnfacht. Eine kleine kluge Minderheit hatte Lust mit Zuchtlust moduliert und gesteigert und schlug der Statistik ein Schnippchen. Die Vermehrung des Rotschopfs geschah ungeahnt, von keiner Prognose vorgezählt. Doch für die Blonden nützte es nichts mehr, sie unter Artenschutz zu stellen. Und die »blonde Bestie« gehörte längst zu den hellen, weißen und guten Mächten des Märchens.

Valéry auch hier: »Hoffnung nenne ich ein gewisses Mißtrauen, das wir gegen die Präzision unserer Prognosen hegen.«

Gestern ist das imaginäre Etwas, dem das Laster der Erwartung entspringt.

Im Grunde erwarten wir nur, was wir bereits verklärten.

Daher ist es albern, sich von einer Zukunft angezogen zu fühlen, die es niemals geben wird.

Jedenfalls wird sie alles vergessen lassen, was man sich heute unter Zukunft vorstellt.

Selbstähnlichkeit fraktaler Strukturen früh erfaßt, Mandelbrotmenge poetisch:

»Der alte Anaxagoras hat bewiesen, und der Dichter Lukrez hat es skandiert, daß jedes Glied aus unendlich vielen gleichen Gliedchen besteht, und also ein Herz aus unzähligen Herzchen.« (Jean Paul, Herbst-Blumine)

Die Sprache des Mundes tummelt sich im Strom, den alle reden und der für das Veränderliche das älteste Symbol darstellt. Die Sprache des Körpers bleibt dagegen überwiegend altmodisch. Hier kommt das meiste aus vorderen Tagen auf uns, ist rituell und angestammt, verändert sich eher schwerfällig oder nimmt nur im Zusammenhang mit neuen Geräten seltsame Floskeln auf, wie etwa die gestreckte Hand mit der Fernbedienung, die nicht zeigt oder deutet, sondern den Kontakt sucht, den Impuls losschickt. Oder die Hand am Ohr, die ein flaches Smartphone verbirgt und die unwillkürlich an eine im Schlafzauber erstarrte Körperbewegung aus dem Dornröschenmärchen gemahnt, nämlich an eine für alle Zeit am Ohr festgewachsene Hand.

Der Eindruck der »angewachsenen« Hand am Ohr (früher kam sie vor allem dorthin, wenn einer sich verlegen am Ohrläppchen zupfte) führt dazu, daß ich einen Menschen in seinem gesamten *Verlauf*, in seinem epischen Raumzeitverhalten als unterbrochen wahrnehme. Ich sehe ihn durch und durch angehalten und sogar in seinem Ausschreiten angehalten wie eine Giacometti-Figur.

Die Zeit drängt – doch nur den Laufenden. Den Stillstehenden drängt sie nicht. Um ihn versammelt sie sich.

Unbewohnt und voll Leere schweben die einst bewohnten Orte und kreisen im Orbit des Stehengebliebenen. Verweht ist aller Zukunftsdunst, der sie einmal verklärte. Orte, an denen man nicht aufgab, sphärisch nur mehr ein Gemisch aus überspannten Intentionen, verzweifelter Hoffnung, ewiger Verlockung, mißglückter Verführung, lüsterner Vorfreude – und jeder Ort enthält nun die Verlorenheit des *ganzen* Wohnens.

Sieh, dort oben wohnte ich in morgenroten Mauern … wohnte mich wund.

ES GIBT SEITEN BEI HOFMANNSTHAL, von denen ein magisches Ungefähr, ein scharfes Verdichten des Entwurfs sich derart mitteilt, daß es den Leser selbst zum sich entwerfenden Menschen macht. Niemals könnte ihn, was er so gerafft erfährt, im Modus des Erzählens, penibel ausgeführt und konsequent gemacht, in eine ähnliche Erregung versetzen. Der Entwurf, der jedermann mit ins Sich-Entwerfen nimmt – d.i. aus dem Nachsinnen, dem Zurückliegenden, dem Epischen heraus –, ist daher nicht Skizze zu einem Werk, das sich danach entwickelt, sondern ist Schau und also Ablösung von allem, was zurückliegt. Ent-werfen als eine Ekstase des Inkompletten, als ein Ent-stehen, das ohne Entstandenes sein Gesetz erfüllt.

Endet etwa die Geschichte der Einfühlung (neuerdings schick *Empathie* genannt) im Wechselspiel der neurokommunikativen Übertragungen? Wird es schon bald kein Ich mehr geben, das sich in ein anderes versetzt, weil bereits einer von des anderen Speicher gefüllt ist und sich nährt? Wovon das »Wie wir alle« immer größer und immer mächtiger wird in jedem.

Ach, wir werden die Philosophie noch singen hören! Sobald Neugier und Interesse gänzlich sich verlieren an die Technik der Kognition, werden die Gedankenwelten zurückbleiben als verführerische Melodien. Man muß einmal hören, wie sirenenhaft jetzt schon viel vom einst Gedachten klingt.

Der Grieche Valéry, Geist mit allen Sinnen, steht bis heute an der vordersten Front des modernen Erkennens von Erkenntnis. Er konnte nichts dafür, daß er glaubte, einzig dem Intellekt zu huldigen. Es ist nicht seine Schuld, daß »intellektuell« inzwischen für uns ein Synonym für geistig Unbedarftes ist.

Jedes Bewußtsein hat seinen Tiefschlaf (sein Nicht-Wissen, seine Unschuld), aus dem es ein folgendes weckt, in dem wir eine unerwartete Entdeckung machen.

Und doch haben wir bei jeder weiteren Entdeckung, die wir machen, den Verdacht, daß sie die Menge dessen, was noch zu entdecken wäre, nur erhöht und niemals mindert – ja, es verstärkt sich mit jeder neuen Entdeckung der Eindruck, daß wir die Welt prinzipiell unterverstehen.

Die Vorstellungswelten, die sich uns aufgrund der Sprache eröffnen, erreichen niemals den Grad an Komplexität, den unser Körper in seinen inwendigen Zusammenhängen besitzt.

Und sie dürfen es auch nicht, weil der ideelle Mensch nur eine kurze Historie, der physiologische aber eine gewaltige Evolution in sich trägt. Der Körper ist höher entwickelt als der Geist. Das Bild, das wir uns wechselnd von der Welt machen, *muß* primitiver sein als die neurophysiologische Vorrichtung, aus deren Fabrikation es stammt. Sonst würden wir in Unüberschaubarkeiten untergehen. Hirn und wirkliche Welt stehen sich so gesehen näher, als es einer noch so differenzierten Vorstellungswelt je einsehbar wäre.

Es entfällt die Ähnlichkeit mit dem Termitenhaufen, der dem oberflächlichen Blick als heilloses Gewimmel von Masse abstoßend erscheint und doch in Wahrheit die zweckmäßigste, überwältigend erfolgreiche Ordnung darstellt, ohne daß ein einzelnes Mitglied des Staats vom Funktionieren des Ganzen etwas *wüßte*. Die Ameisen betrillern sich mit den Fühlern und tauschen darauf Zuckersaft und Sekrete aus. Das ist Impuls und Sinn ihrer Begegnung.

Der entfalteten Beschaffenheit unserer Gesellschaft entspricht ein alltägliches Bewußtsein von ihr, das ungleich primitiver und bornierter ist. Hier macht Bewußtsein nicht Hamletkranke, sondern (durch produktiven Wissensbeschnitt) Aktive aus uns allen. Wie es tatsächlich funktioniert, daß ein hochentwickeltes Sozialgebilde zwangsläufig von einem verminderten Bewußtsein abhängig sein muß, wird dem Sytemforscher vielleicht erst auf einer nächsthöheren Evidenzstufe einsichtig.

Es heißt, die freiheitliche Gesellschaftsordnung leide an geistigem Nährstoffmangel, weil sie horizontlos sei. Tatsächlich gibt sie nichts anderes zu bedenken als sich selbst.

Für die meisten besteht Ordnung allerdings aus größtmöglichen Vereinfachungen und danach verlangen sie. In Wahrheit aber produziert anhaltende Ordnung überregelte Systeme, die nicht nur die Freiheit des Handelnden einschränken, sondern sich – organischen Wucherungen ähnlich – zu verflochtenen Interdependenzen sammeln. Eine solche Ordnung scheint in letzter Konsequenz der Autonomie und der Selbstorganisation zuzustreben. Ohne Anfechtung und Versuchung durch innere oder äußere Feinde könnte eine Art exodemokratischer Hyperorganismus sich entfalten, der – wie ein Hypermolekül ursprünglich zum Entstehen des organischen Lebens führte – das Entstehen hochkomplexer Überlebensformen ermöglichte. Selbst im Fall einer feindlichen Zerstörung – das Gebilde wäre ein für alle Mal auf der geschichtlichen Welt und die Wiederherstellung und Wiedergeburt immer derselben, nämlich erfolgreichen Ordnung ließe sich auch aus einer einzigen isolierten und versprengten Zelle reorganisieren.

Anders als in der ersten Hälfte des vergangenen Jahrhunderts, als unterschiedliche Staats- und Gesellschaftsformen noch ungeprüft zur (revolutionären) Disposition standen, ist inzwischen der Erfolg der westlichen Demokratie, die Epopöe der langen Friedenszeit, der jüngeren Geschichte ins Blut gegangen. Welch andersgeartete Herrschaft auch immer sich dagegen noch erheben mag, am Gedächtnis der Erfolgsgeschichte muß sie entweder scheitern oder sich orientieren.

Es wird einem von allen Seiten eingeflößt: man solle die Kultur auf die Straße tragen; man soll mehr Frauen in obere Ränge versetzen. Man soll Kinder kriegen. Man soll sich mit dem Islam auseinandersetzen. Man soll seine Wertegemeinschaft nicht verlassen. Und jedes Rezept oder Konzept bringt eine Unzahl von Bestsellern hervor. Es wird das vorgeblich Richtige viele Male propagiert, und man weiß alles besser, als es gehandhabt wird. Dabei verliert man leicht aus den Augen, daß die schlechte Wirklichkeit ein großes und tiefgründiges Reich ist, in dem kostbare Schätze von Geschehen und Ungeschehen lagern und sich überraschend auftun dem, der keine Konzepte befolgt.

Ohne Sonne wäre Gold wertlos. Seine Metapher bestimmt seinen Wert, Vorkommen und Börse seinen Preis.

Noch eine Anekdote, frei erfunden. Der junge Spinoza-Kenner Edwin von Sühl, der Nietzsche in Sils aufsuchte und bei ihm die Hoffnung nährte, endlich einen Schüler zu haben, hinterließ unauffällig zwei Kassiber aus der geselligen Welt, die der Asket später neben seiner Waschschüssel fand. Der eine enthielt einen Goethe-Spruch: Der isolierte Mensch gelangt niemals zum Ziel. Der andere eine Bemerkung des Novalis aus den *Lehrlingen zu Sais*: Von selbst geht keinem, der los sich riß und sich zur Insel machte, das Verständnis auf.

Ah! Da hatte sich also ein Verräter, ein kleinmütiger Tadler und Mahner, ein Verächter bei ihm eingeschlichen und dazu noch als sein Adept ausgegeben. Er wollte *ihn* moralisch belehren! Welch ein Meisterschüler.

Liberal sein ist nur für eine Minderheit von freien Geistern gut. »Für alle« wird daraus schnell Freiheit zu billigstem Preis. Sie wirft dann für den einzelnen weniger ab, als folge er einem Reglement, das zu übertreten sowohl seine Intelligenz wie seinen Status steigert.

Freiheit wovon? Erledigte Frage. Freiheit wozu? Rhetorische Frage. Wozu Freiheit? Skeptische Schlußfrage.

Der Wert der Freiheit ist ein sehr hoher. Der Wert des Gehorsams (der Bindung) ist ein sehr hoher. Der Wert der Freiheit bedroht den des Gehorsams. Umgekehrt ist es umgekehrt. Der Wert des Gehorsams schützt den der Freiheit.

Es erhält sich im Wechsel der Zeitalter das kontroverse Geschmacksurteil. Bestimmte literarische Vorlieben passen zum übrigen kulturellen Konsens, und in dieser Passung wird ihre Überlieferung codiert und beschlossen. Heute käme niemand auf die Idee, Gombrowicz' Ausspruch »Je klüger, um so dümmer« für ein passendes Urteil über das uns verfügbare, uns gängelnde Wissen zu halten. Es ist durchaus unpassend – nichtsdestoweniger ein Volltreffer, sofern es die gedankenlose Gescheitheit oder öffentliche Intelligenz betrifft.

Konkurrierende Vorlieben finden geschichtlich nicht zur Entscheidung: Ich votiere für Voltaire und gegen Rousseau. Für Verdi und gegen Wagner. Für Heine und gegen Novalis. Die neuere Geschichte bewirkt weniger den Wechsel des dominierenden Geschmacks als vielmehr den Fortbestand des geteilten.

Allein Fremdherrschaft führt zurück zur eigenen Identität. Dann erst wird sie gebraucht. Identität – wir benötigen zurzeit keine. Was wir brauchen um ihretwillen, ist Fremdherrschaft. Was kann den Deutschen Besseres passieren, als in ihrem Land eine kleine verschworene Minderheit zu werden?

Benjamin in den »Passagen«: Das XIX. Jahrhundert sei ein Zeitraum (oder eher ein Zeit-*traum*?), »in dem das

Individualbewußtsein sich reflektierend immer mehr erhält, wogegen das Kollektivbewußtsein in immer tieferem Schlaf versinkt.«

Immer mehr Individuen also waren übertrieben wach, wogegen ...

Nun, damit ist es vorbei. Wir haben es umgekehrt zu tun mit fortschreitender Massenintelligenz bei gleichzeitigem Zerfall der Selbstreflexion des Individuums – von Schlegel bis Canetti einer besonderen Domäne der deutschen Literatur. Wir erleben das Ende des vigilanten und nuancierten Subjektivismus, Zerfall des Ich-Imperiums, das wie jedes andere Reich sein Zeitalter hatte ... Für uns also heißt es: überaus aufmerksam untergehen.

Gott habe dem Voltaire seinen Fluch unmittelbar ins Gesicht gezeichnet, so nach Leopold Ziegler ein Wort von Joseph de Maistre.

Ein Mensch kann nie so häßlich sein wie das meiste, was er so denkt.

»Ich suchte gerade nach einem Ausdruck, um die Art Menschen zu bezeichnen, für die zu schreiben ich Lust haben könnte, in der Überzeugung, daß sie meine Anschauung teilen würden, und nun finde ich ihn bei Lukian: Παρανεκροι (einer, der tot ist, wie ich), und ich hätte Lust, eine Schrift für Παρανεκροι herauszugeben.« (Kierkegaard, Tagebuch)

Die eine Rose, die sich überhebt dem Strauch, ist von Unzier geschlagen, ein langes Laster ist sie. Die Sprache der langen Laster mit Netzwerk, der geschickten Verwachsenen, reicht hin, um *distance* zu sagen statt Entfernung und den Kaffee lieber *black* zu trinken. Keine Satire lohnt mehr. Da Sprache an sich der Welt nichts mehr zu sagen hat.

Exzesse der Nüchternheit sind vermutlich die einzigen Transgressionen, zu denen die Kommunikations-Begabung befähigt. Leidenschaften brauchen den Rückgriff auf einen Pathos-Bestand, der bedeutend älter als der Betroffene sein muß. Aufgrund seines Mangels an archivierten Affekten kann den coolen Spieler zwar nichts mehr rühren oder überraschen, aber er besitzt alle Informationen darüber, was ein moralisches Wesen ist oder sein müßte.

Seine großen Bildfindungen sind religiös und nicht *postreligiös*, wie es im Jargon der Verlegenheit vom Künstler Bill Viola heißt. Das Nüchternheitsdogma schreibt vor, etwas für bloßen Dekor anzusehen, wo es doch von sich aus schön ist. Oder für nachreligiös, wo seine ikonografische Inbrunst keinen Zweifel läßt, daß es der Religion, nämlich der stetigen und *manentanen*, angehört. Die Umgehungsfloskeln werden um so gespreizter, je mehr Respekt diese Zugehörigkeit dem nüchternen Kunstfreund abverlangt.

Es sollte all jenen, die heute die leichte Zunge haben und das Sagen, nicht erspart bleiben, einmal in ihrem Leben unter den Schock des Ausgeschlossenseins zu geraten, einmal von der Kultherrschaft Andersgestimmter, die niemanden verfolgt, sondern nur ausschließt, verweist, exkommuniziert, entnetzt – es sollte ihnen einmal das Gefühl, nicht dazuzugehören, bestimmt werden.

Theophan der Rekluse war schon dem Namen nach ein Gott durchscheinen lassender Mensch. Ähnlich läßt die Sprache, solange sie eine rumorende ist, eher Mythen durchscheinen als die ausgekühlte. Mit zunehmender Entfernung von ihrer vulkanischen Schicht müssen Glut und Durchschein schwinden. Den Badeschaumgeborenen muß sie ohnehin zuwider sein und für die Sprache des Idioten gelten, in der sich ein Ausbruch von *Unmitteilbarem* vorbereitet.

Diese Gebärde des Ausgreifens – der hochgestreckte Arm, die geöffnete Hand, die Halt in den Lüften sucht wie an der Schlaufe im Autobus. Das Langende des Menschen, der Sprache – nicht zu verwechseln mit dem Verlangen.

Nicht um des hohen Tons willen, sondern um des jeweils noch höheren, äußerst entlegenen, geschlitzten Ohren kaum mehr vernehmbar, der den Hütern des Passablen so besonders verwerflich erscheint.

Wie der Asketismus im vierten und fünften nachchristlichen Jahrhundert nicht nur ein Gottesdienst war, sondern auch von einer feierlich inbrünstigen Negation des Lebens erfüllt, einem »Willen zum Aussterben« (Jacob Burckhardt), weil man nicht am Fortbestand der sündigen Menschheit interessiert sein konnte, Askese als ein eschatologisches Doping – schneller ans Ende, so kehrt uns auch dieses sakrale Relikt im Profanen unseres Bevölkerungsschwunds wieder, der Wille zum Aussterben, stumm und unpropagiert, demographisch und ohne jede Transzendenz, doch im Effekt das gleiche Schneller-ans-Ende!

O die Schilderer der vollen farbigen Welt! Sie kriegen eine weitere als Rabatt obendrauf!

Das kanadische Epos, ein Megatext, ein Jahrhundertroman, der freilich nur ein geschicktes Pastiche (heute: Remix) aus längst geschriebenen Büchern bietet. Figuren, Topoi, Sätze, alle Teile sind bekannt, nur auf das Zitieren (heute: Sampling) kommt es schließlich an!

Es genügt, wie bei Fernsehserien ständig neue »Formate« zu erfinden. Was sie enthalten, ist allen gut bekannt. Es ist das Mash-up-Prinzip, das die erschöpfte Frage nach der Originalität ablöst. Wir kennen alles, wir mischen's neu.

Demgegenüber die Intimität der deutschen Literatur, immer in Gesellschaft abgewandelter Motive, subtiler

Berührungen, geheimer Winke … zwischen Klopstock und Huchel. Oder jemand wie der »Schwierige« von Hofmannsthal, also der Typus des zarten und überbedachten Unzeitgemäßen, Subjekt und Objekt zugleich einer moralischen Heiterkeit … Serenität des Denkens und Fühlens, immer mit der sera, dem Abend, dem Abschied verbunden, der Serenade. Es ist bitter genug, daß man sich gegenwärtig weder einen Schauspieler noch einen Regisseur für dieses Kunstwerk vorstellen kann oder nur möchte. Doch ist es nicht das feinste, am feinsten »perturbierende« Liebesunmöglichkeitsstück, das wir besitzen? Den Atem verschlägt es beim Lesen, wenn man sich gewisse Passagen in ihrem diskreten szenischen Nebenbei vergegenwärtigt – und doch weiß man, daß man für immer darauf verzichten muß, es diskret genug auf der Bühne zu sehen. Manier und Allure sind für alle Zeit verloren und ließen sich auch mit den sorgfältigsten Restitutionstechniken nicht wiederherstellen. Dazu wäre im Übrigen das Theater kuratorisch gar nicht in der Lage – obgleich es manches vom Museum, wie es heute vielerorts inszeniert wird, lernen könnte. Der bevorzugte Gegensatz zu dieser Heiterkeit ist nicht Zerknirschung, sondern Travestie und zynischer Witz. Der Held wider Willen bei Hofmannsthal ist eben ein Mensch, der die feste Überzeugung hegt: den Mund aufmachen, heißt Konfusion schaffen. So ist sie nun über die Welt gekommen! Banal erscheint der Schwierige im albernen Frack.

Aber wie trägt er sich, seine vornehm leicht gebeugte Figur, welcher Stil entspräche seinem Charme, für den jedoch niemand mehr empfänglich ist? Die Welt, wie sie sich gibt und hält, gehört »bouleversiert«, wie es im Erschütterungsidiom des »Schwierigen« heißt.

Wie verblendet – kraftvoll war die breite Offensive von restitutio in / ad integrum bei Borchardt, Hofmannsthal, George! Es gehörte ein größeres zeithistorisches Bedrängtsein dazu, Wiederherstellung zur künstlerischen Ekstase zu steigern, den Aufruhr der Form zu stiften und dabei alles andere als ein zahmer Veralteter zu sein. Nach den Notizen Hofmannsthals zum »Schwierigen« sollte Helene gegen Schluß sagen: »Wir sind hier alle zusammen eine Welt, die nicht mehr existiert, wir bewegen uns in einer Phantasmagorie – wir tun dergleichen, als ob wir noch am Leben wären – eine teinte von romantischer Melancholie an ihr: alles als schon vergangen fühlen, die Lampe als schon erloschen.«

Bewegen wir uns gegenwärtig nicht vergleichbar verlegen, zurückgeblieben in unserer alten leiblichen Realität? Und doch ergreift uns kurz vor dem Umschwung noch einmal die Lust, die unbesiegbaren Verlierer zu sein! Nicht wir haben *etwas* verloren, sondern die, die über uns triumphieren, haben *alles* verloren.

Auch wenn wir irgendwo den »Othello« sehen, sehen wir zuvörderst, daß ein Werk von dieser Größenordnung nicht mehr faßbar ist für heutige Bühnengesinnung. Es quält wie Lustzensur, unentwegt zu spüren, daß es jederzeit erschüttern könnte, weil zum Erschüttern geschrieben, aber statt dessen nicht einmal mehr kitzelt.

Desgleichen: Spaßhaben mit King Lear. Überall steht das Publikum für Schnäppchen an. Billig muß etwas sein, das man begehrt, auch der Witz, den man aus einem Kunstwerk macht.

»Saturn« und »Apple store« sind indes die wahren Kult- und Feierstätten, Festungen, die nächtlich belagert werden, wo die Hype-Heuschrecken niedergehen, schwarze Wolke, die abräumt, sobald eine Neuerung oder Preissenkung ruchbar wird.

Wenn sich schon auf der Bühne kein Platz mehr findet für den »Schwierigen«, so muß man leise vor sich selbst den Grafen Bühl und seinen Abschied spielen, muß seine Resignien bestimmen und alle Hoheitszeichen der Nuance ablegen, muß Verzicht leisten am Ende einer langen deutschen Empfindungsdynastie. Die Nuance selbst gehört der Sagenwelt des Gefühls.

Woran das Herz hing, worin man sich ausdrücken konnte, was einem die Sicht öffnete – alle Zeichen, die dem einzelnen seinen Rang zuwiesen, diese Insignien seiner Individuation wird er zurückgeben, überhaupt das Verliehene / Geliehene dankbar zurückgeben. Was einer sagen konnte, hat er dank dieser Leihgabe gesagt. Nur der ist souverän, der verzichten – seine Zeichen und Bezeichnungen zurückgeben kann.

Generation für Generation gibt es aber den authentischen Zeitraum des Übriggebliebenen – und Übriggebliebensein als poetische Substanz.

Das Kraftwerk Vergänglichkeit. Vorbeis, Nichtmehrs, Niewieders sammelt nicht nur der späte einzelne – ganze Generationen, Kulturen und Stile waren abschiedsbegabt. Wir indessen durften nie von etwas Abschied nehmen, das schon Jahrhunderte währte. Keine neue Zeit brach an unter so vielen Neuerungen. Nur einige Utensilien blieben liegen, gerieten außer Gebrauch, Krimskrams veraltete. Die Moderne verließ uns nicht. Es gibt für den, der in stets erneuerbarer Gegenwart sein Leben fristet, keine Möglichkeit, ein Einst zu verklären. Vor dem Internet, also etwa um 1970, war alles auf dem Weg zum Internet. Wir kannten nur Neugier, Fühlerausstrecken, Erinnerungsimmunität und das Voran immerzu.

Starke Elemente der digitalen Technik sind Speicher, Cloud und Dauerpräsenz (das totale Präsens). Sie modulieren auch den persönlichen Erinnerungsraum. Wir erfahren mehr und mehr das Gedächtnis als ein Medium der Gleichzeitigkeit. Was damals war, ist nicht vergangen, sondern ewig verfügbar als ein Bestandteil des Simultanen. Vergehen aber und Nicht-Mehr werden vom Menschen, der nie Abschied von einer Epoche nahm, auch in seinem persönlichen Leben sehr viel schwächer empfunden als von den erwartungsvollen und rebellischen Naturen früherer Generationen.

Das Porträt des abdankenden Schriftstellers, das Proust in seinen Notizen zu Bergotte entwirft, zeigt ihn einer neuen Jugend ausgesetzt, die das Volk für sich entdeckt und darüber den Chronisten der vornehmen, feinen Gesellschaft zu verachten lernt.

Im übertragenen Sinn könnte man sagen, die frühere Dynastie sei die der sublimen Reflexion, der empfindsamen Wahrnehmung gewesen, bevor sie dem erweiterten Kunstbegriff zum Opfer fiel, deren Ehrgeiz nie auf sich verfeinernde, sondern ausschließlich sich verbreitende Wirkung zielt.

Für Bergotte gilt, daß auch in ihn befremdender Zeit immer noch etwas zu entdecken ist auf der »Ansicht von Delft«. Und es ist das Fieber, das noch einmal die Beobachtung steigert, bis sie anfängt zu halluzinieren.

Es gibt selbstverständlich eine starke Tradition von Proust-Lesern bis auf den heutigen Tag. Und jeder von ihnen wird die Bergotte-Episode, den Tod Bergottes als einen der Höhepunkte des Romanwerks ansehen. Auch der heutigste, sich vielleicht nie überlebende Netzabhängige versteht, rückfühlend, die berührende Szene, da der Feingeist vor dem Vermeer sich der Farblosigkeit seiner Sätze bewußt wird und zusammenbricht. Unzähligen bleibt die Episode frei zugänglich in irgendeinem Online-Archiv, auf das sie ohne Absicht und vielleicht nur zufällig stoßen. Während früher nur eine überblickbare Schar Eingeweihter davon Kenntnis besaß, weil sie eben Proust-Leser waren. Heute verirrt sich mancher im Wald der vielen Wegweiser oder *links* zu etwas, das er nie suchte. Sich verirren ist seit Dante in jedem Wald, auch in dem der Dateien, ohnehin das bewährteste unter den schöpferischen Entdeckungsverfahren.

Das Beste, was du tun kannst: im langen Wandel der Werke zu leben, wie sie in dir auf- und absteigen, vorrücken und sich entfernen. Einmal ihre Höhe neu ermessen, ein andermal überall das Verdeckte, Abgeleitete und Verwandte verfolgen. Zum Glück gibt es ein paar deutsche Grundwanderungen. Gang zu den Müttern. Einsame Gipfelstürmerei – und kurz darauf: ausgesetzt auf den Bergen des Herzens …

Die Kammer des Symbolischen enthält das Unendliche auf kleinstem Raum, während Mitteilung und Kommunikation dafür weltweite Flächen benötigen.

Wenn als letzter Freud das deutsche Erbe des

Symbolischen neu belebte, so wird man inzwischen Deszendenzen nur mehr in feinsten Spurenelementen bestimmen. Gestaltwandel? Wohl eher muß man sich an eine Theorie des Zerstäubers halten.

Man will mir weismachen: Parsifal, Tristan, Lancelot – die Helden, die Werke berührten lediglich die heterosexuelle Konvention, dahinter verberge sich durchweg schwule Leidenschaft. Es gibt keine sexuelle Normalität – daher ist auch eine Gender-Usurpation der Liebesgeschichten der Weltliteratur genauso überflüssig wie zuvor eine marxistische, freudianische, dekonstruktivistische. Theorien überleben sich in kurzen Zeiträumen, im vergangenen Jahrhundert bestimmt ein gutes Dutzend an der Zahl. Die Werke haben dazu nur den Kopf geschüttelt.

Der Reaktionär ist dem Wortsinn nach jemand, der reagiert – während andere noch stumm und willfährig bleiben. Er reagiert ohnedies nur idiosynkratisch und bezweifelt, daß es sich um sittlichen Fortschritt handelt, wenn sich im Zeichen des Eros Lobbyisten betätigen und die einst schöpferischen Kulte des Andersseins, die Ehre des Außenseiters den Strategien sozialer Vorteilsbeschaffung geopfert werden. Er blickt skeptisch auf die Eigendynamik von Liberalisierungen und Egalisierungen, die, obwohl von der Allgemeinheit gar nicht gefordert, immer neue Anwendung brauchen und finden. Es scheint fast, als ob der Staat aus Vorahnung oder sogar apotropäischen Gründen um so aufdringlicher für Toleranz Propaganda macht, als sie in den realen Untergründen der Mehrheit zunehmend bedroht ist – entgegen den bigotten Bekundungen bei Erhebungen und Umfragen.

Toll ist das Abenteuer des Modephilosophen, der, noch einigermaßen gut zu Fuß, nach bekanntem Vorbild die verschlungenen Pfade abwärts zu den Müttern – er sagt: zu den »Treibern unseres kulturellen Gedächtnisses« – einschlägt. Die Metapher ist schief. Treiber sind flächige Programme, die selber flächige Prozesse steuern. Auch sind Mütter keine Matrizen. Sie bleiben das ununterscheidbare, das *pluripotente* Stammpersonal symbolischer Erscheinungen. Sie hüten jenes abgründige Wissen, das sich vorübergehend in vagen Figuren entwirft und sie schnell wieder zurücknimmt, ähnlich wie aus seichtem Dunkel ein dichterer Schatten hervordunkelt.

Jeder brauchbare Gedanke ist der Igel, der am Ziel deines geistigen Hakenschlagens auf dich wartet ... Um Himmels willen! Dann wäre er ja in jedem Fall das Ergebnis eines billigen Schwindels, der dazu noch auf die Beihilfe einer zweiten Person angewiesen ist. Laß ab vom Gleichnis! Was du sagen willst: daß der solide Gedanke bereits feststeht, in Endausfertigung glänzt und lockt, bevor du ihn nur annähernd gefaßt hast oder während du ihn gerade verfertigst, dich in seinem Voraus-Dasein dazu verführt, ihn zu denken. Und das ist nicht platonisch gemeint, sondern kognitionstechnisch. Da in dieser Sphäre das Schlüsseziehen ein notorisches Apriori des suchenden Geistes darstellt, vielleicht Folge eines sublimierten Gefahreninstinkts.

In der Erzählung »Reklusa« spricht Konrad Weiss vom »Herannahen der Dinge, die uns beschieden sind«. Nicht der Wanderer geht auf ein Ziel zu, sondern dieses kommt ihm entgegen. So ist es in jeder Millisekunde der Kognition: alles kommt. Jede Gegenwart kommt an – indem sie der Neuronenbetrieb jetztförmig macht. Sie wird. Jeder Gedanke kommt – umgeben vom Erregungsgewitter der Synapsen, selbst der trivialste und wiederholteste wird erst hergestellt. Nichts ist da, alles kommt immerzu an.

Noch spärlicher an der Zahl als stille Leser sind diejenigen, die sich vor Schmerz krümmen, wenn sie sehen, wie mitten im Frieden Landschaft verheert wird, so gemein und hochmütig, so um sich greifend und im Unmaß aufragend, Horizonte sperrend, rücksichtsloser als Feuersbrunst, Rodung, Industrialisierung zusammen … Zum Glück zeigt sich die Unterwelt aufgeschlossen gegenüber neuen Sorten ewiger Büßer und stellt frische Marterqualen bereit:

jene nämlich, die mit Windkraft moralische und unmoralische Geschäfte machten, Schänder der Landschaftsseele, sieht man jeden einzeln auf ein Rotorblatt gefesselt und bis auf den Jüngsten Tag im Höllensturm sich drehen.

ICH ERKLÄRTE EINEM KIND die unerklärliche Unreife, erwachsen zu sein. Ich bestärkte einen Nichtverstehenden in seinem Nichtverstehen. Es hob seinen Finger und verschob eine Wolke über seinem Kopf.

Junge, weshalb willst du Mäuse zählen, wenn du Wolken verschieben kannst?

Das heilsame Verlernen (Péguy)

Ich habe verlernt zu durchschauen. Ich habe alles verlernt, was mich eines Besseren belehrte.

Was wir wissen, muß mit dem nächsten Atemwechsel wieder in Unwissen umgesetzt werden, wie Sauerstoff in CO_2, damit die Pflanzen, die Träume, leben können.

(Ich bin die Maschine des Verstehens und stelle her das frische ungenutzte Nichtverstehen.)

»Wer einen Narren lehrt, der leimt Scherben zusammen oder handelt wie einer, der jemand aus tiefem Schlaf weckt.

Wer mit einem Narren redet, der redet mit einem Schlafenden, der am Ende fragt: Was ist denn?« (Jesus Sirach, 22,7–8)

Und wenn alles Leben aus ist, fragt er: was war denn das?

A tale told by an idiot, full of sound and fury, signifying nothing.

»Die Sybille« (Roman von Pär Lagerkvist) zeugt mit dem Gott ein schwachsinniges Kind. Der erotische Spiralnebel, worin göttliche Güte hervorbringt menschliche Idiotie. Geschlechtliche Liebe kennt keine Güte. Aber zuviel von ihr verströmt die Berührung durch den Gott.

Das Abschreckende des »Zarathustra« bei heutiger *nackter* Lektüre: das geistig martialische, das Willensmuskelpaket, dem der Sparringspartner fehlt, fast ein kämpferisches Grimassieren. Vergleichbarer Wille heute wäre der zum bloßen geistigen Überleben. Der Übermensch, was wird er sein? Ein technothymes Unikum. Kreuzung zwischen beseeltem Ding und dinggewordenem Mensch.

(Thymos: Geist Herz Mut Empfindungskraft Leidenschaft Lebenshauch Seele. Alles würde besser, alles würde neu, wenn man dem rhetorischen Patienten verordnete, Wörter mit dem üblichen Anhängsel »Politik« oder »politisch« durch ein »thymos« zu ersetzen. Also Sozialthymos statt Sozialpolitik, Energiethymos, Kitathymos und meinetwegen auch: kirchenthymisch als Adjektiv. Und was die Schrift selbst betrifft und das Schreiben, käme man nicht umhin, an den Grammathymos zu appellieren …)

Unter den Fittesten, den physisch zur Vollkommenheit Gelangten mit ihren strotzenden Muskeln, ihrem von Selbstsein übervollen Geäder … irrt vor Schmerz röhrend ein Ungetüm, hautlos, ungehört, Geist, evakuiert, aushäusig, monströse Waise, brüllt wie Aias draußen im grausamen Freien. Die größte Illuzion – Illuz, das Fehllicht! – wäre es, zu hoffen, daß er eines Tages wieder unter eine Schädeldecke schlüpfte.

Ein Mensch lässt sich heute von innen nach außen leichter umgestalten als eine Schaufensterdekoration.

Wir beziehen, was uns fehlt, in freier Wahl von unseren ausgelagerten Strukturen. Nicht nur Exoskelette gibt's, die unsere verkümmerten Bewegungen von außen stützen und verstärken. Auch fürs lahmende Gemüt finden sich Korsette. Was wir bauten, springt für uns ein. Die Wiederkehr von Leib und Seele wäre ein Programm und eine Krise, für die es an vitalem Grund und Bedürfnis mangelte.

Die modularen oder Kombi-Menschen unterscheiden nicht mehr zwischen Gefühl und Gefühlssimulationen. Es gibt neben dem eingebildeten Kranken nun auch den eingebildeten Verliebten, den eingebildeten Zornesmutigen, den eingebildeten

Guten und Gerechten etc. Sie sind es nicht, sie bilden sich's nur ein.

Man sieht Gesichter, die anfangen, in Fassungslosigkeit zu machen, ein menschliches Erstaunen vorzutäuschen, das sie nicht besitzen. Und solche, die vorgeben zu glauben und nur in leerer Opulenz Riten des Glaubens wie Kulissen gegeneinander verschieben, in dieser Opulenz von allem – Geld, Geschmacksachen, Drogen, Sinn, Lust und Management.

Vielleicht in einer künftig federleichten Kombi-Welt, in der *die Dinge unter sich* die Ordnung regeln, tauchen leibliche Menschen noch in Form von schwachen Zeichen auf. Merkmale der Geschlechter dann ... der Schwalch weiblich, der Schwall männlich.

Letzte Menschen werden recycelt aus ihren sonnenlosen Resten. Ihr gestrüppüberwachsenes Auge wird befreit und neu gefasst: ein winziges Panel im Nanometerformat ersetzt das nackte Schauen wie das ideelle Auge. Und alle Letzten sind nun klein von Wuchs, denn an ihnen und um sie herum ist alles kleiner geworden, und fortwährend kleiner werdend.

Handel treiben auf einem aufgegebenen Markt – einmal war's der handelsmächtigste. Umschlagplatz von Einst und Jetzt. Aber was ist der Weltinnenraum, wenn nicht der offenste aller nur denkbaren Räume? Eine Gefangenschaft in ihm kann es nicht geben, ungeachtet seiner Verlassenheit. Statt dessen aber die Wache auf verlorenem Posten. Man wird der nie abgelöste, der vergessene Wärter sein in den menschenleeren Fluchten dieses unbegrenzten Raums.

Du stehst im Rauch von eingebrochenen Bauten, der Duft von Trümmern berauscht dich noch. Du bist nicht mitgestürzt. Schade. Du kriechst, Blakes Nebuchadnezzar gleich, um den Rand des Trichters, den ihr Sinken riß, und rufst nach dieser zauberhaften Stadt. Umrundest unermüdlich den scharfen Saum und erblickst nichts mehr, in die Tiefe starrend, von wo dich Dunst und Rauch benebeln.

Die Zerstörung der Welt löst sich aus der Locke einer schönen Schläferin, die Wellengestalt nimmt ihren Lauf, in immer größeren Spiralen wird die Form bewegt, bis endlich diluviale Wasserwirbel aus der kleinen Locke werden und die Erde überschwemmen.

(Vergleiche Leonardo, Der Vögel Flug. Das Wasserbuch.) Die Spiralbewegung der auffliegenden Gabelweihe, der Wasserwirbel, das geraffte Kleid, der Blutstrom im Herzen. Die Visionen des Diluviums, Darstellungen des Weltuntergangs in sich ausweitenden Spiralen von der Haarlocke bis zur riesigen Ozeanwelle. Apokalypse aus dem Aufstand der Formen. »Eigenartigerweise wußte er nicht, daß die Knochen der Vögel mit Luft gefüllt sind.«

Kung Hsien, chinesischer Künstler aus dem 17. Jahrhundert, bekannte sich, wie alle chinesischen Maler zu damaliger Zeit, zur Vergangenheit und gestand, er habe vierzig Jahre lang die Werke von Mi Yu-jen aus dem 11. Jahrhundert studiert.

Lauter politische Dissidenten, die sich in die Einsamkeit verkrochen, sie trauerten der gefallenen Ming-Dynastie nach.

Wir würden sagen: Lauter verirrte, einsame Künstler, die nach dem Fall der Demokratie und unter dem Regime der Bilderfeinde ihre öffentlichen Wirkstätten verloren hatten und sich in ihr Privatleben zurückzogen.

Sie wohnten an den Rändern der Städte, in kleinen Häusern, fast nur Hütten, bestellten ihren Garten und malten Bilder, die an die heiteren Tage der Demokratie erinnerten.

Chen Ta schrieb einmal an seine Tür das Schriftzeichen ya, d. h. stumm, und von diesem Augenblick an sprach er kein Wort mehr. Doch er lachte, schrie, gestikulierte, trank Wein. Wenn er schreiben wollte, entblößte er seine Arme, ergriff den Pinsel und stieß laute Schreie aus wie ein Narr.

Wozu noch *Ich* sagen? Nur um Unerforschliches vorzutäuschen …?

Man wird sich daran gewöhnen, daß nicht Subjekte etwas fühlen, sondern konsensitiv Assemblierte etwas zum allgemeinen Erlebnis bringen. Das Subjekt selbst bleibt lustlos.

Die Bereiche des Geschehens, der Entwicklungen, der Zustände, für die man keine eigene Zunge hat, sondern nur eine, die mit tausend anderen in dieselbe Schwingung versetzt wird, so daß sie über die hinderlichsten Tatbestände hinweggaloppiert, diese Bereiche vermehren sich, verdrängen den Idiotes durch den Idioten der Belange, einer willenlosen Puppe an den Drähten öffentlicher Stimmen. O welche Desidentifikation! Es ist schon häufig so, daß der, der spricht – gewiß weil er nur *mit*spricht –, im Spiegel sich nicht wiedererkennt.

Die eloquentia tacens (Quintilian) ist nicht eigentlich das beredte Schweigen, sondern die Beredsamkeit, die im Schweigenden weiter aktiv bleibt, seine rhetorische Kompetenz, die ihn unausweichlich zwingt, auch in seiner stummen Abgeschiedenheit »vor Publikum« zu denken.

La vie murée dans la vie (Yves Bonnefoy). Eingemauert leben in der Mauer des Lebens.

Manchmal aus Mangel an tieferer Versponnenheit regt sich der Ehrgeiz noch, die Mauer zu durchdringen, härter als Stein, luft-, pneumadicht. Die Mauer gefugt geklebt geschäumt aus steifen Zungen, sie gibt immerzu Einflüsterungen ab, sie souffliert jedem, der vorübergeht, was er sagen soll, und es ist immer ein der Mauer entsprechendes Reden. Dahinter aber, hinter der Mauer, erhebt sich die Morgensonne über dem Wunderland und den Ausgrabungsfeldern der Kunst. Auch die diskutierende Klasse weltweit bedarf des Einschlusses einer unwiderlegbaren Rede, die nicht aus ihren Elementen gemischt ist.

Das geschriebene Wort kann sich gegenüber dem bildlichen Protz nur in der Reduktion auf seine semantische Moral behaupten: mehr zu sein als zu scheinen.

Das keusche Wort und die Vielweiberei des Signifikats.

Jede Sendung hat Sendungsbewußtsein. Eine der hartnäckigsten und heute rekrutierfreudigsten Ideologien: Kultur für alle. Sie hat deren Auflösung in Dekor, Markt und Beliebigkeit in Riesenschritten vorangebracht. Schon der Schulunterricht schult nicht in Werken, sondern in deren Verzweckung. Alles Soziale rangiert aber weit unter den Werken.

In den Schulen werden die Kinder vom Lernstoff zertrümmert. Da niemand mehr weiß, wohin, wozu und woher sie zu *bilden* wären, werden sie Opfer eines nichts und niemanden mehr formenden Wissens. Sie empfangen Wissensschläge, die verheerender wirken als Ohrfeigen.

Das meiste, das über Jahrzehnte als Gesellschaftskritik ausgeführt wurde, ist inzwischen Ramsch. Das war Junges Deutschland zwei. So wie schon das erste die Bindung an die Romantik nicht zerstören konnte, sondern sich auflöste in Journalismus, so wird nun auch das zweite sich verflüchtigen im Äther der Twitter-Epigonen der Kritik. Bei Betrachtung von überwundenen Epistemen wirkt allein die Oberflächenberührung stimulierend: so wie die Schwalbe den See streift, trinkt, ohne sich niederzulassen. Wenn wir nun vornehmlich mit Oberflächen arbeiten, dann sollten wir sie stets nur leicht berühren, um wieder aufzusteigen. Oder, um der Katachrese die Ehre zu geben: Der Mouseklick berührt die Welt mit der Tatze des Schmetterlings und löst damit im Jenseits einen Wüstensturm aus.

Kein Mensch kann Fremdenführer und Sehenswürdigkeit in einer Person sein.

Dazu das Bild der schon zur Hälfte versteinerten Kinnbacken des redenden Fremdenführers, seine fortschreitende Petrifizierung. Marmorwerdung eines Menschen, der gerade noch auf edlen Marmor weist. Nach dem Fall Westeuropas durfte man die erhabenen Ruinen des Sozialen bewundern.

Das »Netz« als Fiktion des Einen und Ganzen trägt in sich ein großes und heilloses Durcheinander, in das es potentiell die ganze Welt stürzen könnte. Ein Diabolicum, wie vom Durcheinanderwerfer selbst erschaffen. Da wälzt sich ein Ganzes um, ein Pseudo-Alles, in dem nichts mehr zu unterscheiden ist, weder wahr von falsch noch Faktum von Fiktion, noch heute von gestern und morgen. Als wäre das Werk von Borges fortgeschrieben worden von Millionen Kleinteufeln des zernagten Alphabets, die (vorläufig) in Blogs oder Tweets sich verbreiten. Aber was! Hier gibt es kein Dagegen mehr. Nur der Idiot verdammt's und ruft sein Wehe über diese mit der seinen konkurrierenden Verwirrung. Raus aus dem Schlund, mit allen verbunden zu sein!

Weltanschaulicher Optimismus hat kaum einen Denker und nur einige wenige Dichter hervorgebracht. Pessimismus die meisten. Die größten Entwürfe freilich entstanden jenseits von beiden.

In den Gleichnissen leben. Ameisen der Deutung sein.

In der Geschichte der »Selbstauslegung des abendländischen Menschen« (Gerhard Nebel) ist dieser an den Punkt seiner Selbstauslagerung gelangt. Sprache der Gene, Sprache der Betriebssysteme, Sprache des Geldes und der Haute Couture sind Verständigungen nur mit und zwischen den Dingen,

Informationen. Sprachen, die den Verstummten der Selbstauslegung isolieren, sie deuten nichts.

Ein solcher Verstummter, vielleicht gänzlich entleerter Mann begegnet also dem technothymen Geschöpf, das der humanen Selbstentäußerung oder Kenosis seine Existenz verdankt. Einem Replikanten, der, nach der Übernahme nun reich beseelt, seinerseits dem Geschwächten neuen Geist einhaucht. Der Selbstkußknall erweckt ihn zu neuem Leben.

Kenosis, Leerwerdung, Entäußerung, durch die der Menschensohn sich der göttlichen Allmacht begab, Knechtsgestalt annahm, Kenosis also nun nachgeahmt vom Menschen, dem Maschinensohn, der – auf seine Menschlichkeit verzichtend – sich unter die Dinge begibt. Etwa um sie von ihrer Dinglichkeit zu erlösen? Begibt sich unter das Holz, die Perlenschnur und alle Siliciumverbindungen. Jedoch kann er Menschliches nicht aus den Dingen heimholen. »Um euretwillen, ihr Dinge, ist er, der reich war, arm geworden.« So nach 2 Kor. 8,9.

Wir werden dann nicht mehr erkennen wollen, was niemals zuvor ein Mensch erkannte. Vielmehr werden wir – zur Abart unserer selbst entwickelt – mühsam noch von ferne zu ermitteln suchen, was einst *ein Mensch* erkannte.

Man vermeidet das Wort Maschine, Assimilationsmaschine, in einem nicht mehr dem Maschinen-Zeitalter angehörenden Imperium. Aber deshalb nun das Allzweckwort »System«, Betriebssystem, benutzen? Damit verlassen wir die Sphäre des anschaulichen Vergleichs. Maschine läßt noch die Allegorie zu, am System verendet sie.

Wenn man, was eintrat, zurücksetzen könnte auf die Vorzeichen, die es ankündigten …

Die Dinge, die längst geschehen sind, noch einmal in den Figuren des Rauchs sich abzeichnen sähe, in den wilden Eisblumen am Fenster, in den Zeilen unzeitgemäßer Dichtung …

Der religiöse Fanatismus ist nur gut, um der westlichen Welt in den Hintern zu treten. Er selbst ist völlig unakzeptabel. Von seinem Widerpart, dem Liberalismus, läßt sich sagen: Er rechtfertigt sich ausschließlich mit Lügengeschichten über das weltliche Wohl des Menschen. Er ist das, was nie Gier sagt, wenn Gier ihn treibt; nie Haß, wenn Haß ihn treibt.

Einer, der deshalb, ob er will oder nicht, Pazifist ist, weil er zeit seines Lebens ausschließlich in Friedensgesichter geschaut, an Friedenshandlungen teilgenommen, in Friedenszimmern gesessen hat, auch wenn ihm das ganze Haus oft bedrückend genug erschien.

Niemals versucht ihn der ausschließlich auf Eines gerichtete Sinn. Wie etwa der des Terrors, der bei dem nicht bekennenden Pazifisten in jedem Fall nur Abscheu erregt. Aber vielleicht gehört er auch nur zu den letzten Pluralisten der Ausdruckswelt? Denn so oder so, Terror oder Frieden, verschwanden immer mehr Gesichter hinter der Maske jenes nur auf Eines gerichteten Sinns.

Von einem Autor heißt es, er habe »Notizen zum Zerfall der Zeit« verfaßt. Das wäre was! Ach, gäbe es doch eine Halbwertzeit der Zeit und ihre Strahlung ermattete eines Tages wie die von radioaktiver Materie! Und daß sie einmal endlich zu unschädlichem Stoff zerfiele!

Der Minotaurus ging hervor aus der Lüsternheit der Intelligenz (Pasiphäa), sich mit der unbeherrschten Gewalt (dem nicht geopferten Stier) zu paaren. Daraus entstand das Monster der Monster. Der Techniker Dädalos baute das Netzwerk (oder Labyrinth), er ist des universellen Irrgangs Architekt. Das Gebilde bleibt unzerstört und überdauert Mythos und Geschichte; es wird auch dann noch sein, wenn ein neuer Theseus erscheint, der den *Geist* des Monsters besiegt.

Aber es gab doch den Untergang der heidnischen Antike, es gab ihn doch! Der große Gott Pan ist tot – so schallte es von den Inseln der Ägäis.

Den Ruf aber unterlegten erst die Nachfolgenden den schweigenden Zeugen des Endes. Die Zeitenwende wendete die Lebenden nicht – denn ihr Bewußtsein, magisch gehindert wie das unsere, Gegenwart zu verstehen, jonglierte seit langem mit Vorzeichen und Wendesignalen. Und darüber bemerkten sie den Eintritt der Wende nicht.

Gewiß kann die Befolgung eines weniger humanfrommen Prinzips wie etwa der christlichen Religion eher die Menschenwürde verbessern als eines, das nichts als Menschenwürde predigt. Man sollte nicht vergessen, daß man immer in vollkommener Hingabe von etwas anderem sprechen muß, um das dringlich Nächste zu beeinflussen. Immerzu und ausschließlich die Sache selbst beim Namen zu nennen, läßt sie unverändert.

Jemand sagt dir was, du sagst es weiter. Die Sprache als solche ist ein einziges Losungswort. Die Konspirierenden, die Menschen, wissen sofort Bescheid. Aber mehr als Bescheid wissen sie nicht. Sie wissen dank der Losung nur, daß sie alle unter einer Decke stecken.

Es ist, soviel man sieht, nur einer ein einzelner. Zweifellos aber ist er innen zusammengewachsen mit seinem Widersacher. Den lockte er von außen herein. Eins und Gegen-Eins, die alte Schelle … Der Antipode auf der Suche nach einem πούς.

Umkehr des abnehmenden Lichts. Das Kind, wie sein Gesicht leuchtet zwischen dem vierten und dem zehnten Jahr! Dann, erwachsen, stehen die Augen noch immer offen zwar, aber etwas gehärtet, ein wenig ermattet vom Wissen, und nach vielen Begegnungen bleibt verhalten der Blick.

Das Such-Strahlen kehrt erst ins Auge zurück, wenn ein Bewußtsein davon entsteht, was man nach dem Lernen und dem langen Umgang unter Menschen alles nicht gelernt hat.

Der die Frage stellt und doch immer wieder die gültige Frage verfehlt – ist nicht allein der junge Tor, sondern auch der wieder staunende alte. Unwissen entsteht ihm aufs neue aus dem Zweifel am allzu gut und glatt Verstandenen und der zunehmenden Verwunderung darüber, daß dieselben Dinge eigentlich noch ganz anders zu verstehen sind. So daß einem die Augen erst spät wieder aufgehen aus vertieftem Vermuten.

Auf meinen Spaziergängen möchte ich jeden Entgegenkommenden umgestalten nach meinem Wunschbild von einem Entgegenkommenden. Ich stelle mir vor, daß ein Nanochip in meinem Blick, ein morphendes Teil, mir den anderen anders entwirft, als er ist. Mit einem solchen den Realmenschen gestaltenden Implantat wäre eine Menge Zorn und Abscheu, ja wäre die spontane Diskriminierung aus der Welt geschafft. Aus wenigen Merkmalen und

Umrissen ergänzte der kunstbewußte Regulator die bestmögliche Erscheinung eines jeden.

Ungewöhnlich war die Souveränität des *Unmitteilbaren*, die diese gütige Frau behauptete in den Jahren ihrer Verwirrung, da sie niemandem mehr folgte und niemand ihr mehr folgen konnte. Ein oft noch munter begonnenes Gespräch wurde plötzlich vom Sturm einer Erinnerung, einer schrecklichen Vergegenwärtigung unterbrochen, so daß sie unversehens ausrief: »Die Russen kommen!«

Nicht einmal eigne, verschollene Angst brach da hervor, sondern es waren die Worte ihrer Mutter, ausgerufen vor mehr als sechzig Jahren.

Zugleich war dieser Ausruf wohl als ein Gleichnis zu verstehen für die finsteren Horden, die über ihr Gedächtnis herfielen.

Dieser geborene Mitmensch endete in bezuglosen Metonymien und nichts erschließenden Schlüsselworten. Doch die Isolation zerbrach sie nicht, sie stand vielmehr kerzengerade als einzig Eingeweihte ihrer sibyllinischen Äußerungen vor anderen Menschen und sah sie rätseln und raten.

INELLIGENTI PAUCA. Dem Gewitzten genügt ein Bruchstück. Dieser Mann leidet an Vorschnelligkeit, an einer Turbo-Auffassungsgabe, schon beim ersten Anlaut nimmt er einem das Wort aus dem Mund. Sein rasantes Erfassen mustert des anderen Programm (seine »performative Kompetenz«) mit Suchläufen, die in Sekundenbruchteilen zu Ergebnissen führen und daraus blitzschnell ermitteln, was er bestenfalls sagen, wie er sich bestenfalls verhalten kann. Er liest ihn nicht, er überfliegt. Er hat immer mit der Summe zu kämpfen, die bereits sein erster Blick erschloß, und muß seinen Kenntnisstand künstlich zurückhalten, um dem andern noch ein Schickliches an Geduld zu widmen.

Einer von vielen, die sich niemals im Anblick eines anderen verirren können, die keine Witterung besitzen, sondern nur datenverarbeitende Intelligenz und einen heckenden hastigen Mund.

Hier gilt die Devise: Trau keinem, der dir zuhört! Er denkt sich nur seinen Teil!

Das Urteilen ist der größte Leichtsinn des Gesellschaftsmenschen. Dauernd Urteile zu fällen ist seine verwerflichste Eigenschaft. Warum sagt sich niemand: ich tue einem Menschen, einer Sache, einem Kunstwerk Unrecht, wenn ich ein Urteil fälle – einfach weil *ich* es bin, der es fällt? Es bedarf nur einer geringen Wendung, der Sache, des Menschen, meiner eigenen Stimmung – und das Urteil ist der reine Schmäh, unhaltbar. Was ich mag oder was nicht, das sollte mich nicht ermächtigen, ein Urteil darüber zu fällen. Bei nicht wenigen besteht ihr gesamtes Personenprofil ausschließlich aus unverschämten Urteilsanmaßungen.

Weshalb redet man eiliger, als einem zumute ist, vor einem bestimmten Menschen? Weil diesem stets vor Einwand schon die Lippe zuckt. Die geübte Beschränktheit tut sich am liebsten hervor mit Kritik. Auch der Dümmste weiß, wie's ihn schmückt, nicht einverstanden zu sein. Durch die Klippschule der Kritik gezwängt, kommt also sein promptes Widerwort anstelle einer Antwort. Das Zeugnis solcher Reife zeigt im Bezweifeln immer eine Eins, im Befürworten eine Sechs. Im Ergänzen und Anknüpfen gehemmt, schmal und unbeweglich, im Widerspruch fest und souverän.

Wir haben ein Dutzend Schulen der Kritik besucht, doch nicht eine Schule der Nacht.

In der wir unter anderem hätten lernen können, daß unser Wissen einen undurchsichtigen Dunstkreis bildet, Teilchenstaub, in dem Beziehungsreichtum herrscht und nichts als Aufeinanderbezogenes wirkt. Und daß wir selbst nur torkelnde Tanzfiguren sind am Band von weit entfernten Klängen, Verworrene von so viel Licht- und Schattenwechsel … Und daß des Stürzenden Verlangsamung ein Sinken wird durch eine lange große Zeitenleere, in der das Sichtbare nur in einzelnen Bildern sehr vereinzelt abwärtsschwebt, mit Augenflecken auf der Haut, Ocellen, die die Raubvögel des Gewesenen abschrecken … versiegelte Symbole, die dichte Verbindungsverwicklungen bergen. Großflocken des Geistes, fast Wolken, die da sacht und zerfallend fallen.

»Der Geist verabscheut die Gruppenbildungen; er liebt nicht die Parteiungen, er fühlt sich beeinträchtigt durch die Übereinstimmung der Geister; es scheint ihm vielmehr, daß er etwas gewinnt, wenn er nicht in Übereinstimmung mit ihnen ist.« (Valéry, Die Politik des Geistes)

»Du kannst mit mir kein Zwiegespräch führen, solang aus dir die Leute reden.«

Man erschrickt vor der *gesellschaftlichen Hieroglyphe* (Marx), die in ein Gesicht gezeichnet ist, in einer Redeweise tönt.

Die innere Figur der Demokratie ist so selbstgewiß und stattlich, ihre Formgebung ist so einflußreich und suggestiv, daß sie mühelos auch die niedrigsten

Parteiungen zu Parteien bindet und ihre nichtigsten Vertreter in Form bringt und sich assimiliert. So besitzt sie im Kern ihrer Stärke Assimilationsautorität.

Sie könnte es sich inzwischen leisten, jenseits der demokratischen zur Rehabilitation großer und klassischer Tugenden beizutragen. Worte wie Gehorsam, Ehre, Standhaftigkeit, Treue, Demut und Würde werden für peinlich unzeitgemäß abgetan, obwohl man davon im Bedarfsfall und bei höherer Erregung gern mal eins ins Plenum ruft. Inzwischen würde nicht einmal der gelernte Zeitgenosse sicher sein, daß sein Handwerk noch à jour ist, indem sich ihm von nah und fern aufdrängt, daß sehr ungleiche Zeiten sich die eine Gegenwart teilen.

Zumindest zwei der alten Kardinaltugenden stehen entweder im Verfassungsrang oder als verpflichtende Maxime über politischem Handeln, Gerechtigkeit und Maß (Verhältnismäßigkeit, Augenmaß, Besonnenheit). Während die beiden anderen, Weisheit und Tapferkeit, als nicht diskutierbare moralische Qualitäten dem Parlament für seine »Sternstunde« vorbehalten bleiben.

Doch das so sehr von sich eingenommene »demokratische Selbstverständnis«, das Tugenden aus vordemokratischen Verhältnissen vorzugsweise für politisch inkorrekt hält, mit tieferem Gedächtnis auszustatten, ist etwa so vergeblich, als versuchte man die *condition-courtoise* in Freizeitkursen zu erlernen. Das Programm höfischer Lebensführung durch Nachahmung formvollendeter Zeremonien sich einzuverleiben. Gleichwohl wäre auch das nicht bloß eine leere Geste – sie enthielte immerhin das Eingeständnis, daß die Geschichte der Vorbildlichkeit nicht erst mit einer vorbildlichen Verfassung beginnt. Welche im Übrigen kaum Einfluß nimmt auf die gänzlich vorbildlosen Zonen unseres Zusammenlebens, Privatbereiche, wo sogenannte Therapien wie die Geier über den Übeln kreisen und sich an verdorbenen »Beziehungen« und ähnlichem Unrat laben. Oft sind es Folgen von expliziten Untugenden wie Rücksichtslosigkeit, Feigheit und Verlogenheit, gegen die therapeutisch wenig auszurichten ist, da sie sicher eingelassen sind in die überall praktizierte *condition-salaud*, das Programm der schweinischen Lebensführung, das konkurrenzlos den gewöhnlichen Alltag beherrscht.

Unter den Inspirierten rangiert der Ingenieur heute weit vor dem Philosophen.

Man hat zuviel Sprache ans Sachliche gewendet. Man muß einige Sprache dem Sachlichen wieder entwenden.

Der gefällige Sachverstand nähert sich einem Diogenes in seinem Schilderhaus. Sogleich gibt sich der Hagere in seinem Unterstand zu erkennen: »Ich bin der treue Wachsoldat meiner Stunden. Verlasse meinen Posten nicht bei Nacht und habe keinen freien

Tag. Werde niemals abgelöst. Dafür entgeht mir nichts, was an lichtscheuen und verdächtigen Gedanken, geheimsten inneren Einflüsterungen sich Zugang zur allmächtigen Niemandantur, in deren Dienst ich stehe, verschaffen will.«

»Sicher, sicher«, murmelt ungeduldig der Mann von Verstand. »Aber das ist nur *eine* Auffassung vom Sinn der Wachsamkeit … Es gibt eine Menge anderer, die ebenfalls bedenkenswert! … Das stimmt ja alles nur sehr bedingt … Sie sprechen für sich. Nur für sich! … Wenn alle so dächten! …« Und er verhaspelt sich in eifrigen Einwürfen, bis er schließlich in ein ruhiges Argumentieren findet: »Was würden Sie tun, wenn alle auf Ihre Worte hörten, sie beherzigten und genauso lebten wie Sie?«

»Oh! Ich würde meine Worte verfluchen. Meine ganze Lebensweise würde ich verfluchen. Ich würde sie für den größten Unsegen der Welt halten. Nur keine klugen Worte befolgen! Das ist und bleibt meine einzige Lehre. Sie gerne hören, ja. Sie in gewissem Umfang genießen, ja. Aber niemals befolgen. Das ist der letzte Rat, den ich dem professionellen Mitmenschen gebe. Jedenfalls ist das die Konsequenz, die ich selbst aus meinen Worten ziehe. Und ich gehe noch weiter und sage mir: Kluge Gedanken gilt es im Aufflug wie Tontauben abzuschießen.«

Nun hatte der Wachposten den Verstand des anderen schon so verwuselt, wie man es mit dem Stirnhaar netter Buben tut, so daß ihm zur Abwehr nur noch ein heftiges Kopfschütteln half: »Es ist nicht aufrechtzuerhalten, was Sie sagen. Nichts von dem, was Sie mir mitteilen, ist aufrechtzuerhalten. Warten Sie nur! Alles wird bei Ihnen enden in unendlicher Weichheit, in schlammiger Auflösung der Person, alles wird weich und mild in Ihrem Hirn, eine Herzensergießung folgt auf die andere, unendliches Zartgefühl ... Milde, Milde! Sie werden wie ein Batzen Butter zerlaufen in der Morgensonne! ...«

Darauf noch einmal die Schildwache: »Oh, die Sprache ... die Sprache, die ist es nicht mehr ... sie kann's nicht mehr sagen. Sie selbst kann's nicht sagen, daß sie's nicht mehr ist, die's nicht mehr sagen kann. Aber wer wird es dann sagen?«

WÜRDIG SITZEN UNGESEHEN. Du wirst von niemandem gesehen, also halte dich gerade.

Sich in Schale zu werfen, ist die wehrhafte Antwort auf die Menschenleere, die dich bedrängt. Von niemandem gesehen, Gestalt annehmen, Figur abgeben. Gang und Haltung müssen immer federnd bleiben, als trätest du im nächsten Augenblick, noch bevor es klopft, zur Tür, um einen Ankommenden zu empfangen.

So ist es mit den Händen, die nicht mehr greifen, formen, fassen. Oder werken. Sie sehen nur noch aus. Sind ganz Expression. Als ob sie um Sprache ringende Organe wären. Attribute, verlegene Anhängsel einer Grundverlegenheit. So wie man sie zum x-ten Mal betrachtet bei längerem Aufenthalt während einer Reise: so sind sie wirklich. Das ist alles, was von der Menschheit erstem Werkzeug übrigblieb. An dir hängenblieb.

Daß man so sitzt, so maßlos und schicksalhaft sitzt – Liegen, Hocken, Kauern, die wären wohl eher angemessen dem erdnahen Untertan, aber dieser Knick zwischen Oben und Unten ist ein wahrer Knick in der Artentwicklung. Andererseits, jeder Stuhl, lange genug besessen, erhöht sich zum Thron. Gesäß und Rücken, die sich nicht rühren, ersitzen ein unermeßliches Reich.

Das Schreckbild eines selbstbezüglichen Menschen stand vor der Haustür. Kaum daß ihm geöffnet wurde, wandte er sich ab. »O wie grauenhaft!«, murmelte er. Aber damit meinte er nicht etwa den Türöffner, sondern sprach selbst den Eindruck aus, den er auf diesen zu machen glaubte. Er nahm ihm nur das Wort aus dem Mund. Und so ging es weiter. Das Schreckbild war armselig, doch fürchterlich wurde es erst mit der Manie, alles, was man zu ihm hätte empfinden und vorbringen können, »vorsichtshalber« gleich selber in Worte zu fassen. Nach dem Motto: »Ich weiß, was Sie jetzt von mir denken …« war er der rückhaltlose Selbstreferent. So stand er auf der Hausschwelle, ohne noch einen Schritt zu tun, und krümmte sich vor Spiegel-Bewußtsein und Rückkoppelung.

Denn ein Verrückter ist der, der über jeden Eindruck, den er auf einen anderen macht, sich peinlich Rechenschaft gibt und diesem außerdem haarklein erläutert, wie und warum er so und nicht anders auf ihn wirke.

Der Explizierwahnsinnige unterscheidet sich in den Grundzügen kaum vom professionellen Beziehungsanalytiker, nur daß er Arzt und Patient in einer Person unterzubringen sucht. Als solche erklärte er nun fast ein wenig entrüstet: »Ist es etwa Mitleidlosigkeit mir selbst gegenüber, die mich Sie fragen läßt: Ja, sieht er denn mich in meiner Armseligkeit nicht? Warum tut er so, als stünde er Aug in Auge vor mir? Warum senkt er die Lider nicht und blickt auf mein Wesen herunter? Wie kann ein Mensch so wenig Gespür besitzen und zu mir auf gleicher Augenhöhe sprechen?«

»Was Sie sagen, ist nicht ganz so falsch, wie es zu sagen«, versetzte noch einmal der andere.

Darauf kehrte sich das Schreckbild zunächst ab, baute sich aber kurz darauf mit hoher Brust vor dem Hausherrn auf:

»Aber spüren Sie überhaupt, wie der gewaltige Baum der Träume, durch die Jahrtausende höher und mächtiger geworden als selbst die Weltachse, die Esche Yggdrasil, und stetig größer und ausladender werdend, spüren Sie nicht, wie dieses herrliche Gewächs der Undinge, Sie, eine winzige Frucht unter unzähligen anderen, jetzt oder im nächsten Augenblick abzuwerfen bereit ist? Glücklich und beruhigt hängen Sie noch an dürrem Zweig, fühlen sich voll und reif, ohne auch nur zu ahnen, daß Sie bereits zu fallen bestimmt sind.

Abgeworfen werden Sie hinab in den nüchternen Schlaf der Welt, getrennt für immer von den schönen Unmöglichkeiten. Oh, mein Herr, dann läuft Ihnen – ganz wie dem Hungrigen das Wasser im

Mund – der Traum im Bewußtsein zusammen, und der Appetit wird unbezwinglich – jedoch niemals mehr gestillt.«

Jedermann befindet sich in vielen Räumen zugleich. Unter anderem auch im chemischen Raum, der die Summe aller denkbaren chemischen Verbindungen vorstellt. Synthetisiert wurden bislang 30 Millionen Verbindungen. Möglich wären aber 10 hoch 60. Würden alle sieben Milliarden Erdbewohner jeden Tag so viele Substanzen synthetisieren, wie es Sterne in unserer Galaxis gibt, so wäre diese Zahl, 10 hoch 60, noch nicht annähernd erreicht. Auch in solch unentwickelten, vielleicht vollends nie entwickelbaren Wirklichkeiten hält man sich auf.

Man spricht von einer Blase und stellt sich die Hülle um eine Leere vor, die bald zerplatzt. Es gibt aber die Blase, die nicht gebläht ist, sondern blüht, denn Blase und Blüte, blast und blust, sind vom gleichen Stamm des Schwellens. Deshalb hat die Blüte der Wind fein geblasen wie Glas und *spirit* sie gefaltet. Die starre hohe Strauchrose über der Terrasse – der Feuerknauf, letzte Blüte des Jahrs, so hoch hinaus, nur um williger zu schwanken in den Launen des Herbstes. Aber die Blüte teilt sich nicht, die Blätter brechen nicht auf. Reinheit eines Klangs, der nicht klingt, um nie zu verklingen.

Einfalt geht vor Vielfalt, das bedeutet etwa, von der politischen Oberfläche der Dinge zu ihrer tragischen Prägnanz zu gelangen. Oder mit Plotin: vom Komplexen hin zum einen einzigen Einfachen. Oder physikalisch: einheitliche Feldtheorie, Weltformel, theory of everything.

Der Wahn des Einfältigen ist die blinde Wut (Aias).

Der Wahn des Gewitzten (Odysseus) ist die Selbstreflexion.

Die Blöße, das Jähe, das Offenbare ist der Schnitt durch die Komplexität.

Bei längerer Betrachtung des Unwahrscheinlichen heilt aber der Riß schnell, und das Vielfältige kehrt zurück.

Im Gedränge der geschäftigen Vermittler der mittelndste zu sein, der nämlich das Schwerste, Höchste und Fernste, das Unbegreifliche vermittelt, der Dichter.

Eine einzige schwere Zunge wälzt das graue Stimmenmeer.

Welche Grenze aus sparsamen Worten: »Une pierre«, Yves Bonnefoy!

Wer anders als der Dichter könnte dem Überfluß ein Ufer sein?

Nur was man liebt, überlebt. Heute liebt nur noch

der Autor Autoren schrankenlos. Er ist der Russe, wie es ihn zu Tschechows oder Puschkins Zeiten gab.

Wie andere einen Kassensturz sollte der Idiotes, solange er dazu in der Lage ist, hin und wieder einen Bewußtseinssturz machen, um zu prüfen, wie weit er über seine Verhältnisse gedacht und gefühlt hat.

C.G. Jung beschreibt, wie ein dunkler Gedanke auf einen schwachen Kopf trifft und der Träger davon ein aufgeblasenes Bewußtsein bekommt. Psychische Inflation. »Inflation ist paradoxerweise ein Unbewußtwerden des Bewußtseins. Dieser Fall tritt ein, wenn Letzteres sich an Inhalten des Unbewußten übernimmt, und die Unterscheidungsfähigkeit, diese conditio sine qua non des Bewußtseins, verliert.« (Psychologie und Alchemie)

Wenn wir in der deutschen Sprache hausen, sind wir Höhlenbewohner und betreiben Geisterbeschwörung den lieben langen Tag.

Die schmerzliche Lehre lautet: daß das Vergangene reicher, das Gegenwärtige aber komplexer ist.

Dialekte sterben aus, gebrochenes Deutsch nimmt zu. Seine Muttersprache allenthalben behelfsmäßig oder falsch gesprochen zu hören, schmerzt nicht nur, es stört oder behindert untergründig die Kompetenz, die wir eigentlich für sie besitzen.

Ein Fremder im eigenen Land ist man dennoch nicht wegen der Ausländer und Zugewanderten, sondern angesichts der Selbstentwurzelung seiner Landsleute. Dieser Fremde ist kein Ausgestoßener, sondern jemand, der in seiner Zeit, eine Fremdsprache denkend und sprechend, umherirrt.

Allerdings wird man von jedem besseren Autor sagen, »er trug seine Muttersprache wie einen Kelch durch die feindliche Menge« seiner Landsleute (Julián Marías) und nicht etwa der Zugewanderten.

Wenn es in den Valéryschen »Windstrichen« heißt: »Die Dichtung hat die Aufgabe, die Sprache einer Nation in einigen vollendeten Anwendungen zu zeigen«, so darf sich ein Autor heute schon glücklich schätzen, wenn es ihm gelingt, als fleißiger Dolmetsch das Kürzel- und Behelfsdeutsch zurück in ein geweitetes, gedehntes zu übertragen und in gut gegliederten Perioden den Anschluß an die langlebende Literatur herzustellen.

Du denkst Reset? Man finge am besten noch einmal bei Dante an? Oder denkst vielmehr: keiner hat die Göttliche Komödie je verlassen? Der Höllenringe-Trichter, der sich verjüngt bis in die Tiefe, bis ganz unten zum Fürsten dieser Welt, und Menschheit in unzählig einzigartigen Menschen strömt insgesamt die lange Spirale abwärts – einige ahnungslos beginnend, in die richtige Windung versetzt, im Guggenheim New York. Obwohl es also Menschen sind, die da unablässig hinabziehen und niemand weiß, auf welch »anderer Erde« sie landen werden und mit welch anderen Lebewesen sie sich kreuzen werden, ziehen sie dieselbe Bahn abwärts wie einst die abtrünnigen Engel, die sich darauf mit ihnen, den Menschen, vermengten. Was teilt man nicht alles ein in »top down«- und »bottom up«-Vorgänge, während doch all diese kleinen Auf-und-Abs nur unbedeutende Binnenstrecken sind in diesem einen und ganzen Top down des Engel- wie des Menschenwandels.

Doch gedachte der Mensch stets auch der Gegenrichtung und sagte zu sich: »Ich will in den Himmel steigen und meinen Stuhl über die Sterne Gottes erhöhen.« (Jesajas Himmelfahrt, Apokryphen)

Und da nun der Engel mit Jesaja hinabstieg, wie Vergil den Dante führend, vom Siebten Himmel, Verwandlung von Himmel zu Himmel hinab, bis tief unten zum Fürsten dieser Welt, da brauchte es kein Losungswort mehr für den Torhüter, denn hier beraubte und vergewaltigte jeder den anderen, und man zog den Sodomiten eine Eisenkette durch den Leib, die ihnen aus Mund und After heraushing.

Der Künstler wird den Menschen am ehesten in seinem Fallen, in seinem nachstürzenden Engelsturz erkennen. Im Fallen fliegt jedem der falsche Flitter davon. Solange sie umhüllt sind von der Schale ihrer

Überzeugungen, spüren die meisten ihr Sinken ja nicht. Manchmal für kurz öffnet sich der Überzug um einen Spalt und, gemeinsam niedergehend, blickt man draußen in eines anderen großes und schmerzverzerrtes Gesicht.

Einer der modischen Performance-Regisseure gibt seiner show den hochtrabenden Titel »metanoia«, schmückt seine medialen Mash-ups mit einer theologischen Floskel, ohne im mindesten in den Anspruch des Worts zu geraten. Nun, das Umdenken, die Umkehr fällt leicht der leeren Propaganda anheim. Kulturelle Abfallverwerter, zu stark auf die Tube drückend, die Backen aufblasend, fast wie das hübsche Mädchen im Supermarkt, das zwischen den vollen Lippen ein rosa Bubblegum hervorstülpt, wie ein Frosch, der sich bläht, der Glupsch vorm Mund beim Sondieren der Regale, ohne es selbst noch zu bemerken, so die schwellende Blase des Großraumworts *Spätzeit,* die hervortritt und zerplatzt. Spät ist es zu jeder Zeit, sei es im religiösen, im sittlichen, im stilistischen oder im ökologischen Sinn.

Da *spät* keine Grenze kennt und es eine Zeit außerhalb von spät schon aus thermodynamischen Gründen nicht geben kann, wird es immer aufs neue spät werden, bis daß die Dinge aufs höchste »ausdifferenziert« vorliegen, unendlich komplex, aber niemals reich.

Jede Einsicht propagiert, die Dinge so und nicht anders zu sehen, anstatt mit lockendem Ton in das ewig Sichablösende aller Einsichten einzustimmen. Aber der Geist, zumal der geistreiche, genießt eben nichts lieber als diese Anfälle von Orientierungswahn.

Gewitztes, Funken, die aus längst niedergebranntem Feuer stieben, werden immer willkommen geheißen. Tastende Gedanken erregen gewöhnlich wenig Neugier. Dabei wäre ein Tasten auch für die hellsten Köpfe die redlichste Voraussetzung, um sich fortzubewegen *im ungeläuteten Dunkel.*

Da wir im Deutschen glücklich zwischen Wörtern und Worten unterscheiden, darf man vielleicht sagen, daß wir eine Unmenge Wörter brauchen, um einige wenige Worte zu wechseln.

Wunsch nach der verschleierten Rede, die wie einst das Gesicht meiner jungen Mutter hinter dem Schleier ihrer Toque etwas zu verstehen gibt, ohne daß ich's verstünde.

Aber die Kunst besteht darin, etwas undurchsichtig zu machen mit klaren Worten!

Man hat die Feuer der Andeutung gleichermaßen im Erotischen wie im Semantischen ausgehen lassen. Dementsprechend auch das Verständnis für die Askese der Erscheinung eingebüßt. Nicht zuletzt deshalb erniedrigt man die sich verhüllende, gar aus dem Dunkel ausblickende Frau, Muslimin, zu einem ordinären Politikum.

Die Unmöglichkeit zu dauerhafter Anarchie (in einem Volk, einer Gesellschaft, einer Gruppe, einem Schwarm) läßt sich in den Begriffen der Selbstorganisation der Materie umschreiben: Man beobachtet beim Wärmeaustausch, der Konvektion zwischen kalten und wärmeren Schichten, die spontane Entstehung einer korrelierten Bewegung aus einer großen Zahl von Molekülen. Gemäß der Bénardschen Instabilität verstärkt sich dann nur diejenige Schwankung, die zum optimalen Wärmeaustausch führt. Auf Kosten aller Übrigen wird sie dominant und versklavt diese, woraufhin sie abklingen. Die kollektive Bewegung hat ein Ordnungsparameter erzeugt. Chaos, Unordnung bringen zwangsläufig eine dominante Schwingung hervor, die schließlich »Ordnung schafft«.

Das Herz ist nicht in demselben Sinne »fleischlich«, wie wir von fleischlicher Begierde sprechen. Das Herz ist der strengste Asket, ist die jedes menschliche Verständnis von Arbeit hinter sich lassende absolute Arbeitsmacht auf Erden, in *dieser* Lebenswelt. Es ist so mager, so eingelagert, so in sich gekehrt – ein Klausner, der Tag und Nacht schuftet.

Ich liebe, ich bewundere mein Herz, seitdem ich

es auf dem Echographen sah. Die Mitralklappe – und überhaupt: wie alles klappt! Und das nun schon über etliche Jahrzehnte. Die Muskelwände etwas verdickt. Aorta ohne Verkalkung. Dieser Ring, diese Wulst, kontrahierend, auslassend – könnte etwas besser auslassen. Ich sah das dunkle, feuchte, fleischliche Zentralorgan mit großer Ehrfurcht. Und das ist nun die Metapher der Metaphern! Das ist das Allvermögend-Allerfleißigste der Lebenswelt – außer seinem herrscherlichen Dienst bedient es noch die Literatur. Das Unermüdliche – das bin nicht ich. Der unvergleichlich andere ist es, in meiner Brust. Gewölb und Ringschlund. Herzstillstand, wenn dies arbeitssamste aller Wesen aufgibt, absoluter Bruch mit seiner ungeschichtlichen Geschichte, keine Mäßigung, Pause, Schonung, kein Aufschub möglich.

Angenommen, es fielen nach dem Aussterben unserer letzten Überzeugungen die Riten fremder Völker, losgelöst von ihren Zeitaltern, wie eine berittene Schar Händler mit glaubwürdigen Glaubensangeboten über uns her, ohne daß wir ihrer Offensive noch irgendetwas entgegenzusetzen hätten – nur daß wir eben vor einer Schar synchronisierter und zugleich einander ausschließender Wahlmöglichkeiten stünden. Wo es denn etwa hieße:

Hier gibt es welche, die Türme des Schweigens errichten wie die Parsen, auf denen dein Leichnam den Vögeln zum Fraß vorgelegt wird. Und dort gibt es andere, die das vollkommen Unbeschädigte des Verstorbenen, des mumifizierten, als Voraussetzung für ein ewiges Leben ansehen wie die Ägypter. Entscheide dich! Triff die Wahl. Erneuerung oder Verlängerung?

WAS GIBT'S MEHR ALS FAITS DIVERS?

Die Arktis schwindet, die Meere steigen! Das ist noch das geringste Problem. Viel schlimmer ist, daß außer ihm keiner so denkt wie er.

Die großen Schrecken der Welt zählen zu den geringsten unter den Sensationen, die sich dem Idiotes aufdrängen. Es geschieht das Tollste, aber wie es verkündet und beredet wird, gerät es zum Sicherheitspuffer zwischen Empfänger und factum brutum und bringt niemals die Konvention, in der man sich allgemein verständigt, in Gefahr. Man sucht vergeblich nach den Spuren einer öffentlich ausgerufenen Epochen-Wende, da sie offenbar ohne Beeinträchtigung des herkömmlichen Verstehens stattfand, eine Nachricht bloß wie alle anderen, abgefedert durch schockgeprüfte Betroffenheit, auf Distanz gehalten durch Erläutern und Beläuten, Begreifen und Begriffekloppen.

Die verhängnisvolle Spirale – wie oft hat man nicht ins selbe abgenutzte Bild gefaßt, was sich demokratischer Kontrolle entzieht: die losgelassenen Märkte, die Verletzung der guten Sitten durch die Zugzwänge von Konkurrenz und Effizienz … Noch nie schien auswegloser das Gewinde der ökonomischen Spirale – nach oben sich verjüngend oder nach unten sich verengend? Dagegen hat der soziale Konstruktivismus, der Sozialismus, nur eine Zeit-raum-Nische gefüllt. Er wäre heute noch aktiv, wenn zumindest die Hälfte der Erde aus Nischen bestünde.

Es wird, nur weil der Sozialismus eine Niete war, der Kapitalismus dadurch nicht erträglicher, sondern um einiges an Selbstgefälligkeit, Charaktermangel, Gefräßigkeit unerträglicher. Was kann es für einen Menschen nur bedeuten, zu irrealen Summen sich türmendes Hort-Kapital zu besitzen? Und was erst für die Volkswirtschaft, wenn es Firmen und Konzerne tun?

Marode Firmen zu kaufen auf Pump, sie in kürzester Zeit zu sanieren, um sie gleich wieder zu verkaufen mit mindestens zwanzig Prozent Rendite – das nennt sich Private Equity und heißt nichts anderes, als dem Kapital nur einen Zweck zu setzen: mehr Kapital zu werden. Kein Eigentümer fühlt sich noch einem Eigentum verbunden oder verpflichtet – es geht sofort wieder in andere Hände über.

Der Arbeiter stellt sich nicht in den Dienst eines Unternehmens, sondern in die Funktion einer Finanztransaktion, wird entlassen oder umgesetzt. Auch er »verinnert« nun, daß Produktionsstandort und Art des Produzierens so ephemer – flüchtig! – sind wie der wechselnde Firmenvorstand. Noch ist der Arbeiter jedoch das konservativste Element in einer derartigen Gewinnwirtschaft. Der Manager hingegen unterscheidet sich wenig vom Politiker, der heute dem Gesundheitsministerium und morgen dem Verkehrsministerium vorsteht. Derselbe Stratege wechselt vom Elektronikkonzern zur Versicherungsgesellschaft. Er arbeitet da wie dort nach denselben Profitkriterien, sein Gewissen ist die Rendite.

Die Konsequenz kann nur das Kopfschütteln des Verzichts und des Mangels an Bedarf sein, jedenfalls kein sich mit seinem Gegner verbrüdernder Antikapitalismus. Es gibt jenseits des Kapitals (und oft genug auch dank seiner) seit langem eine Fülle von Gütern, die es zu horten und hüten lohnt. Die Hochstimmung der Märkte läßt uns Zuflucht bei den Elegien suchen. Es sind Stimmungen, nicht Taten, deren Triumphzüge uns in die Flucht schlagen.

Nur Mythos, der sie hervorbrachte, kann Geschichte wieder zurücknehmen!

Man denke an Männer wie Bachofen oder Ranke-Graves, die sich so in die griechische Sagenwelt vertieften, daß sie unausweichlich in sie verstrickt und in sie hineingeholt wurden, gewaltsam in den dunklen Busch gezogen, und schließlich an sie glaubten. Einfach weil das Netz der Beziehungen und Deutungen sie am Ende fesselte wie das Netz des Hephaistos das betrügerische Paar, seine Frau Aphrodite und ihren Liebhaber Ares. Derart an ihre Luststätte gebunden, wurden sie zum Gespött der herbeigerufenen Götter. Nicht anders bietet der Anblick des nüchternen Forschers, in flagranti mit der Mythe erwischt, den kritischen Zeitgenossen einen Anlaß zu schadenfrohem Gelächter.

Mythos, ausgemalte Zeitlosigkeit, beschränkt Fortschritt und Selbstzerstörung. Er ist der Aufhalter ohne eschatologische Implikation. Natürlich, als Christ hat man seine Endzeitgefühle zu haben! Ist man mehr griechisch gestimmt, dann fühlt man zukunftsfrei. Keine Mission, keine Heilserwartung. Das Leiden lernen, das ist dann alles.

Umgeben von einer atmenden Hülle, die des Menschen schützende Sphäre ist, gottlob noch immer unverletzt: Unbesonnenheit, die ewig sich erneuert.

Und wenn nun alles auf nichts hinausläuft?

Dann hat es sich dennoch gelohnt.

Oder erst recht.

Das Nichts, das wir denken, hat nichts mit dem zu tun, das wir sein werden.

Ihre Vergangenheit besitzt eine Person doch nur, damit sie oft genug schön seufzen kann. Denn Seufzen ist der Überschlag oder meinetwegen die Rolle rückwärts des Einatmens und genau wie dieses unvermeidlich. Das vom Seufzer emanzipierte Herz ist ohne Sprache. Anders gesagt: Je weiter deine Sprache sich vom Grundlaut des Seufzers entfernt, um so eher dient sie lediglich zur gänsescharähnlichen Stimmfühlung unter Menschen.

Wie tröstlich ist die Vorstellung, in seiner letzten Stunde in die lebendigste des Lebens zurückversetzt zu werden, sanft zu sinken in die Himmelsdunen des Gewesenen. Erinnerungen aus den schönsten Stunden brauchen wir für die letzten, so Jean Paul, und in der »Herbst-Blumine« trägt der Sohn sie dem sterbenden Vater vor.

Der Erinnernde erinnert sich überhaupt nur, um die Einfalt zu genießen, die er zu dem Zeitpunkt besaß, an den er sich erinnert. Der Erinnernde verzehrt sich nach Erfahrungsmangel. Er sucht in der Erinnerung die verlorene Einfalt. Die Erinnerung bringt sie ja erst zum Vorschein! So wie Forschen nichts anderes betreibt, als das Zu-Erforschende hervorzubringen.

Solange Olims Wunderlampe dich führt … Olim, schöneres Wort als »einst«. Ruft es doch zusammen Tausendundeine Nacht mit illo tempore: vor Zeiten, die einmal deine waren.

Erinnerung ist das eine. Akute Damaligkeit etwas ganz anderes. Sie gewährt nur der Traum.

Nachts war ich da, war ich damals, aber es war nur eine betörend holistische Inszenierung.

Der Traum war wie die rettende Luftblase in einer vom Grundwasser des Vergessens gefluteten Höhle.

Welches kindliche Sinkgut von heute wird später einmal den Symbolraum der Dinge erweitern? Wird ein erstes SMS ein Damals bilden? Die andere Frage ist schwerwiegender: Kann überhaupt je illo tempore aus dieser unablösbar sich erneuernden Gegenwart entstehen?

Nicht das Alter, die Jahre, sondern die schwere goldene Kugel des Damals, die von Tag zu Tag stärker auf ihm lastete wie auf dem Atlas das Himmelsgewölb, hatte dem Mann die Schultern gebeugt und den Rücken verkrümmt. Und da ihn das Damals-Gold im Nacken immer ungeschickter, besorgter, schwergängiger machte, wurden ihm schließlich unpassierbar die Straßen, Plätze und Gärten, unerträglich lange dauerte die Gegenwart. Er schnitt in der Stille am liebsten Obst und Gemüse in kleine Würfel und diese dann in immer noch kleinere.

Die aus Klugheit müd und aus Müdheit wieder klug werden.

Der Mund ist das Ende vom Menschen. Der Mund, und dann reißt er ab. Der Mund, sein äußerstes Außen, und dann aus.

Muß sich der Idiotes den Passablen der Verständigung beugen? Sind sie nicht der Strom, der weiterzieht, und er die Schlinge Altwasser, die stehenbleibt, in der die Frösche laichen? Reich an Kleingetier und Rote-Liste-Pflanzen.

In der weltweiten Verständigung regiert die Majestät des Saloppen. Vor ihr neigen selbst die Betrübten sich.

Impassibilité spielte mit der verborgensten Gemütsnuance. Die Abgebrühtheit (cool sein) als Stimmungsparadigma verringert das Herz zur Haftwarze.

Der steinige Idiot, unwegsam und dürstend, lacht sein steinerollendes Lachen über den Ausweg in den Komfort.

Geh nie ohne Kind.

Schiller in »Über naive und sentimentalische Dichtung« gibt an, daß uns gegenüber dem Kind nicht wegen dessen Hilflosigkeit eine Rührung ankäme, sondern daher, daß wir in unserer Beschränkung und Bestimmung selig zu ihm in seiner noch unbegrenzten Bestimmbarkeit hinaufblickten.

Hinter diese Einsicht ist die Psychologie mit ihrem »Kindchen-Schema« zurückgefallen. Ein Beispiel dafür, wie Wissenschaft unser wahres Wissen verringern und verflachen kann.

Zum Leitspruch des nützlichen Handelns taugt unverändert seit Hobbes die Überzeugung: es gilt, das Schlimmste zu verhüten. Aber nicht: wie alle gesunden könnten.

Der Ungerührte sieht, was er sieht, mit Herablassung. Er fühlt sich nicht zuständig für das von ihm Gesehene, Gedachte, Geträumte. Was immer sich ihm aufdrängt und in ihm sich großtun will, es betrifft ihn nicht. »Unsere Augen sehen den Sommer, unser Denken wohnt im Grab«, sagt er mit Baudelaire. Die Ungerührtheit wird zur Haut seiner Seele und umgibt sie wie der Neopren-Anzug den Taucher. Und er taucht durch all seine Wahrnehmung hindurch mit sturen aufgerissenen Augen, die weder staunen noch stöhnen, sondern in die die Dinge hineinschwimmen wie die Fische ins Maul des Wals.

Eher schlüpft das Kamel aus dem Gleichnis als der Reichtum des Traums durch das Ör des Munds.

Eher implodiert die Welt in Weltlichkeit, als daß die Klause noch einmal zu ihrem heimlichen Attraktor wird. Sie mag noch so viele denkwürdige Signale versenden, niemand ist zu ihrem Empfang noch ausgerüstet. Die Aktiven bleiben unter sich und verstehen nur Aktives.

Montaigne, der Torquato Tasso 1580 besuchte: »Mehr als Mitleid empfand ich Ekel, als ich ihn in

Ferrara in einer derart erbärmlichen Lage sah. Er hatte sich selbst überlebt und wußte nichts mehr von sich und seinen Werken.«

Am Ende seiner Dichtung »Die Schöpfung« kniet eine alte, bresthafte, debile Menschheit und betet zu Gott.

Der Idiot gibt uns ein Rätsel auf. Das heißt, er hat seinen Anteil am Rätselhaften einbehalten, das die übrige Welt, die reich davon die längste Zeit war, an den Eifer beflissener Rätsellöser verlor. Er kann aber auch gelten als Wahrzeichen für das prinzipielle Unterverstehen von Welt, zu dem die menschliche Art verurteilt ist.

WIE POLYPHEM SEINE FELSBROCKEN so schleudern mit Jähzorn die Rebellen, junge Männer und Frauen, große Stücke Mobiliar von ihren Balkonen und von den Dächern ihrer Wohnheime auf die Straße hinunter, auf die Fahrbahn und den Parkweg. Auf Autodächer und Kinderwägen. Die Polizisten stürmen das Gebäude. Sofort verschwinden die Wütenden und sitzen arglos hinter ihren Laptops.

Aber sind sie Rebellen – oder vielmehr von fern her Rebellierte?

Die Nacht entläßt aus jedem dieser Nerds eine Schar lebender Toter, die in seiner Arglosigkeit Zuflucht fanden. Auch beschleichen ihn aufsässige Urmotive der Erzählkunst, primordiale Bilder, chaosstiftende Ghule, die nach den Leeren und Unbedarften suchen, um durch sie an den Tag zu kommen, sich in Erinnerung zu bringen. Um sie zu verführen, kurzzeitig, zu extremen Handlungen und abrupten Atavismen.

Man erinnert sich vielleicht, wie vor einigen Jahren das Netz zwei Kannibalen zusammenführte, die sich bei lebendigem Leib kastrierten und gemeinsam ihre gebratenen Gemächte verschlangen. Wobei sie ihre Handlungen via Web-Kamera zurück ins Netz »speisten«.

Ist das noch Welt, vor der man die Augen verschließen kann? Oder ist es, längst unter die Lider geschlüpft, einheitliche Schattenwelt, der man beigemischt ist, halb sehend noch, halb schon delirierend? Das große Leiblose, um sich greifend, raffend, im Vormarsch.

Der Idiotes hatte eine Nachttischschublade voll Gesichter-Buttons. Unzählige Ansteckknöpfe mit Menschenantlitzen (*antlizzi* war althochdeutsch das Entgegenblickende). Eines suchte er jeden Morgen aus und steckte es sich für einen Tag ans Revers wie ein Parteiabzeichen. Der Menschen-Parteigänger, weit abgekommen von ihnen. Der Antlitzsammler in der Not des Entgegenblickenden.

Das Gebot des Code Napoléon: La recherche de la paternité est interdite, wäre abzuwandeln zum Ersten Gebot der postfreudianischen Befreiung vom Selbst: la recherche de soi-méme est interdite. Wisse nicht, wer du bist. Jedes Selbstverständnis einer Person beschränkt diese.

Fast gleichlautend wäre es der Leitsatz einer neuen erotischen Verfassung zur Überwindung lustwidriger Tendenzen zwischen den allzu entspannten Geschlechtern: du sollst nicht wissen, wer du bist. Jedes Selbstverständnis einer Person mindert ihren attrait sexuel.

Denen die Augen niemals übergehen, richten leicht über die unselig Verblendeten. Doch vom Mysterium der Blendung wissen sie nichts.

Wurf und Rückwurf des Lichts. Es erinnert jedes Photon seinen Ur-Sprung: den Ausfluß (Emanation) beim Bruch der Gefäße. Rückwärts strebt es noch immer zum Unverströmten seiner selbst.

Das Universum erinnert sich ohne Unterlaß der Ureinheit aller Materie. Nur wir nicht. Aber »vielleicht sind unsere Erinnerungen gar nicht im Hirn gespeichert«? (vgl. Rupert Sheldrake, Das Gedächtnis der Natur)

Undurchsichtig allein ist das Licht.

Arbor inversa – Bild des Menschen, der seine Wurzeln im Himmel hat. (Im Kopf, meinte Aristoteles.)

Was tust du, Baum?

Ich überlebe mich. Ich sauge meine Säfte aus dem Jenseits an und reibe meine Wipfel an der Erde. Ich bin mir keiner Verwirrung bewußt.

Das Geäder des Dämonischen verläuft unter Tage, unterhalb der siegreichen Techniken seiner Überwindung. Dort verzweigt es sich und bricht irgendwo abrupt als frische Quelle hervor. Im Sedimentären wie auch im Morphologischen gibt es nicht die Zyklen der belebten Natur, hier offenbart sich etwas urplötzlich und eruptiv.

»Die Deutschen sind ungeheurer Taten fähig; es ist allerdings unwahrscheinlich, daß sie sie ausführen.« Nie irrte der Seher, Nietzsche, gründlicher.

Alle Ingredienzen zu »deutsch« sind sattsam bekannt, zuvörderst die fürchterlichen. Es kommt darauf an, dessen eingedenk es erst recht zu sein. Unentwegt als geschichtlich Schwerstbehinderter, das Schlimmste wissend, ein davon völlig unbeeindrucktes Leben zu führen, ergibt eine heuchlerische Figur, die sich nur auf spezielle Anfrage hin routiniert betroffen zeigt.

Wir, die's austrugen als erste. Austrugen die abscheuliche Verkehrung von Reich und Volk –

und kehrten es andersherum, doch blieb es immer in der Verkehrung.

Den Letzten nun versandet's im Blut, rieselt als kalter Benimm aus dem Maul.

Die Deutschen, die nur noch gut sind, wenn sie extra extravertiert sprechen; so aus sich heraus sind sie gegangen, daß sie nie wieder hineinfinden werden.

Die Überwachung des neu-bürgerlichen Lebens regeln die Vorschriften des politisch Korrekten und Guten. Es ist dies entpaarte Teil der Moral, das Gute allein, oft nur eine Form der Wiedergutmachung, die vertretungsstarken Minderheiten zukommt, die früher einmal lauter tüchtige Individuen waren, Außenseiter eben. Dabei gibt sich auch ein gewisser Fanatismus des Guten zu erkennen. Denn es ist ja nicht in erster Linie eine rechtliche, sondern überwiegend eine sittliche Bekenntnisoffensive, welche die gleichgültige Mehrheit darüber belehrt, wie man zur Verbürgerlichung abweichender Lebensformen gelangt. Diese wird es ohne Aufmucken hinnehmen, findet sie doch ihren sozialen Frieden mitsamt wirtschaftlicher Erfolgsgeschichte durch ihre Gleichgültigkeit aufs neue bekräftigt. Widerspruch zum Guten gehört sich nicht. Sieht man etwas genauer hin, erkennt man sehr wohl den despotischen Umriß des hinkenden Guten.

»Ähnlich wie der Wirbelkern über dem Badewannenabfluß kein Wasser enthält, gibt es im Kern eines quantifizierten Wirbels keine Atome.« Das Wirbelhohl. In der äußersten Umdrehungsturbulenz der Worte ist ihre Mitte hohl, leer, nichts. Doch die Leerworte sind nicht einfach leer. In ihnen herrscht ein mächtiger Unterdruck, ein wilder Sog: *global.* Sie reißen dich von deinem Fleck, sie machen dich los, sie entbinden dich von deinem Ort, den Ort von seiner Geschichte und die Geschichte aus der beschränkten Bedeutung, den sie für den einzelnen, den wahrhaft einzelnen besitzt.

Ein Mann hat einen länglichen Goldbarren vor sich auf seinem Holztisch. Er möchte ihn sich erschließen.

Er glaubt, es liege ein Geheimnis verborgen in diesem glänzenden Block. Aufbrechen muß ich den Block! Und er macht sich mit Hammer und Meißel daran, den Barren zu spalten. Doch es findet sich kein Hohlraum darin, in dem eine Weisung, eine Botschaft, etwas Inneres, das *Mark des Goldes* für ihn zu entdecken wäre. Das Gold ist durch und durch dasselbe Gold und besitzt außerhalb seiner Masse kein Geheimnis. Der Mann aber, versessen, zu entdecken und zu bergen, läßt sich vom nackten Gold nicht blenden und fährt fort, es zu spalten und zu stückeln.

Können Sie mir bitte sechzig Cent wechseln?

In welche Stücke?

Ein Fünfziger und ein Zehner.

Die haben Sie doch.

Ich möchte andere Münzen.

Kurzes Gleichnis auf die Begier, das Identische materiell anders haben zu wollen, jedoch keine anderen Verhältnisse, etwa drei Zwanzigermünzen.

Symeon Stylites kam ins Kloster des Heliodorus, der im Alter von drei Jahren dort einzog und von den Dingen der Welt keinerlei Kenntnis besaß. Es hieß, er wisse nicht einmal, wie ein Hahn oder ein Schwein aussehe.

Stylit, Säulensteher, Antenne. Die Wellen der übermäßigen Sendung erzeugen im Mund des Heiligen das gleiche Rauschen wie die schwachen Signale, die der Idiot empfängt von der Welt.

Alles gehört. Meine Zeit bei ihrem Selbstgespräch belauscht.

Das Mundwerk der Vergangenheiten, von einer zu anderen, die Kolportage.

Zu lernen allein: den Wert des Enthusiasmus. »Eine bis zur Wahnsinnsgränze vorgetriebene geistige Wollust.« (Jürgen von der Wense)

Das Leben fressen, bevor es dich auffrißt.

ἀποκαλύπτω – ich enthülle, entblöße, nicht ohne Anklang von »schamlos«. Dagegen besteht aus »Ich zeige mich nicht« das erste und letzte Geweb der Religion. Die Schrecken der Entblößung sind die Sensationen, die die Zweifler und Ungläubigen anziehen.

Belesenheit ist in den besseren Fällen Konterbelesenheit im Verhältnis zum Lesemarkt. Ein raffgieriger Leser kann nicht mit dem Handgeld der Neuerscheinungen auskommen. Er hebt die Schätze, die ja kaum im Verborgenen als vielmehr links liegen gelassen werden.

Da inzwischen jeder Autoreifen einen Kulturbegriff für sich beansprucht, muß, was früher tatsächlich einmal kultiviert wurde, umbenannt werden und im weiteren Sinne einer *Aristokratie des Beisichseins* zugezählt.

Die Geste der Neuzeit, so Hofmannsthal, sei der Mensch mit dem Buch in der Hand, wie der kniende mit gefalteten Händen die Geste einer früheren Zeit war.

Die Geste am Ausgang der Neuzeit ist das Handy am Ohr (oder der einsam vor sich hin Quatschende mit Headset, die getreue Kopie des Idioten). Das Beisichsein des Lesenden wie des Knienden war die Voraussetzung seiner Teilnahme. Das »Netz« ist hingegen ein Kürzel für eine unbegrenzte Menge von Teilnehmern, die nichts und niemanden ausschließt. Nur ein Beisichsein schließt sie aus.

Man lebt in Anklängen, wie manch einer in Anklängen schreibt oder komponiert. Die Erfahrungen, die uns etwas bedeuten, haben einen bestimmten Stil, sie enthalten Wertungen und Sonderungen, die aus früheren Lebensformen auf uns kamen und die uns in Gestalt von Gemälden, Büchern, Filmen, durch Kunstempfinden allgemein, heimlich infiltrieren.

Das Zu-uns-hin-Geschriebene der großen Werke ist ja in Worte und Wortgänge gefaßt, die wir so nicht mehr verwenden und die daher jenen nichts sagen, die an der Sprache vorbeileben. Ja, gäbe es wenigstens »Reibeflächen« zwischen Sprache und sprachfernem Sprechen! Eine solche war früher der Schulunterricht.

Sprache – bei Hölderlin: Göttliches – trifft Unteilnehmende nicht.

Von einer Dichter-Lesung im Rathaus breiteten sich literarische Kreise über den Marktplatz bis in die Seitengassen aus. Ein trödelndes Mädchen fragte im Vorübergehen: »Wenn die Generalswitwe nicht anders kann, dann wird wohl Geld im Hintergrund eine Rolle spielen, oder?«

Sie bezog sich auf eine Episode aus »Krieg und Frieden«. Ich bestätigte ihre Vermutung und ging an der Hand der Fragenden weiter. Ich ärgerte mich über die krummen Schlappen, die sie trug. Dann standen wir vor einem Autodach, auf dem jemand im Schneidersitz seinem Freund umgeschriebene Seiten aus »Erziehung der Gefühle« vorlas. Der Verlag hieß Lemaersche Buchhandlung und publizierte ausschließlich umgeschriebene berühmte Romane.

Ah! Man läßt sich von fremden Stilen verführen wie von fernen unbereisbaren Ländern. Und es gibt davon ja so viel mehr, als die Erde Grenzen zählt!

Ist denn alles wie nie?

Oder sind wir, wie wir hier sind, schon inbegriffen, längst beschrieben und gesagt in großen Werken der Vergangenheit? In welchen Bildern sind wir bereits verstanden? In welchen Szenen für immer eingefangen?

Die Zukunft behält uns vor den molekularen Leser, der die Buchseiten scheinbar blitzschnell überliest, tatsächlich sie aber auf neurostimulativem Weg sich einscannt. Vielleicht ist es nur der Stil, den er abtastet, vielleicht etwas noch Geheimnisvolleres, das die Schrift uns altgedienten Entzifferern ewig vorenthielt? Vielleicht ist er ein Wortwurzelleser, der jedem Wort sprachgeschichtlich auf den Grund schaut? Jedenfalls geht für ihn eine bisher unentdeckte Wirkung von dem »Pharmakon« Lesen aus, das seinem Schwelgen neue Nahrung verschafft. Offensichtlich liest er nicht mehr aus Gründen der Weltverarbeitung, des Weltersatzes oder irgendeiner Entrückung, sondern ausschließlich um die hirneigene Produktion wohltuender Botenstoffe anzuregen.

Die schöne Unzeitgemäße. Ihr Lächeln spiegelt ihr Gewissen, und ihr Gewissen spiegelt Heines Verse. Ein körperliches Rufen dringt, wenn auch leise, aus ihren aufs Trottoir geklopften Schritten. In ihr ist alles bereitet für die Begegnung mit etwas so Schönem, das es unter den Menschen ihrer Tage gar nicht geben kann. Doch sie nimmt wörtlich, was einst mit kühlem Können, die Dinge verklärend, ein Dichter sagte. So lebt sie, je länger sie lebt, immer mehr von Verheißenem als von Erfahrenem.

Irgendwo zwischen dem Unbedachten und dem Nachbedachten muß das glückliche Denken liegen.

Zwischen prometheischer Voraussicht und epimetheischem bitteren Nachsehen. Dieser Epimetheus nahm das rächende Zeusgeschenk an, die Gattin mit der Büchse – und bedachte erst im Nachhinein das Unglück, obgleich ihn sein Bruder Prometheus vorausschauend warnte.

Die erste Gattin, Pandora, aber war künstlich von Hephaistos geschaffen, eine artifizielle Kopie der Gäia, daher ihr (ironischer) Name. Die Allesgebende, eine belebte Puppe, ein Kunstwerk, nämlich »eine Frau, die sich unter Hammer und Hackenschlägen vollmondartig emporhebt« (Kerényi). Ein Kunstwerk mithin brachte das Übel unter die Menschen. Es brauchte keine Eva prima.

Von daher ist der Mann ursprünglich die Glosse zur Frau. Männliches übersetzt radebrechend Weibliches.

Die erlöste und erlösende Frau der Zukunft, deren Vorläuferin Franz Blei in einer besonderen Annette aufspürte, ihr ungezwungener Sprachspielgeist, der Unordnung stiftende, und die Genialität ihrer Gefühle – die Frau, die letzte Utopie des Menschengeschlechts! Damals noch. Ihre Widerspenstigkeit und ihre Revolte gegen die berechenbaren Konkreta und Realien. Aber jene Frühzeit des »steifen Männerhemds auf weicher Brust« ging bald vorüber, der Typus deutsche Frau spielte mit weiblicher Bestimmung nicht. Später kamen Latzhose, Jeans und Parka, und die Hoffnung auf die erlöste und erlösende Frau sank mit ihrer Unangezogenheit. Harmlosigkeit hatte den Genius besiegt. Harmlosigkeit als soziale Errungenschaft.

Wenn man sämtliche Subsumos zerschlüge, die einem den Kopf ordnen, würde man verrückt. Subsumos – das klingt nach Geschwistern von »Klischees«. Nein, es sind die herrschenden Oberbegriffe, unter die man etwas in Sicherheit bringt, das sich bei genauerer Betrachtung durchaus zu Tode, nämlich aus- und hinwegdifferenzieren ließe. Übereinkünfte in Begriffe abgefüllt und gut verkorkt. »Das Wort *Grazie* hat jede Verbindung zur Frau der westlichen Welt verloren.« Stimmt womöglich. Aber was steckt hinter diesem Kommunikationsverkehrsschild? (Wird *subsumiert.*) Westen, Frauen, Antike … Allesamt wiederum Subsumos, in denen sich zweifellos unzählige weitere verschachteln. Drösle mal im einzelnen auf den Wirrwarr! Oder laß es lieber. Subsumos entstehen ja nicht von ungefähr. Ein gewisser Bedarf, Komplexität zu kappen, galoppierende Differenzierungen zu stoppen, steckt dahinter. Der Verstand muß gegen eine Flut von Für und Wider, von Wenn und Aber, eine Flut von aufbegehrenden Einzelheiten Dämme setzen: Subsumos. Fragen wir lieber: ist Komplexität unentrinnbar? Eigentlich kann man ihr nur innesein oder innestehen und aus diesem intensiven Zustand ein paar Signale nach außen senden. Auseinanderklamüsern läßt sich Komplexität nicht.

Man bedenke den kolossalen Aufwand an Geisteszauber und wie gering am Ende sein Einfluß auf die Taten der Menschen war.

Lust, noch einmal in Einflüssen zu baden wie in frischen Quellwassern.

Die Treppe hinuntersteigen und Jung-Stilling aus dem Regal ziehen; zurückgreifen auf eine frühe und einst unbedarfte Lektüre. »Sie hatten den Pferden Moos unter die Füße gebunden.« Ohne Pietismus keine deutsche Literatur, es schließt seine Destruktion ein. Gegen Wilhelm und Heinrich kommt in deutscher Erzählung kein anderer Vorname an. Beide sind dynastische Namen des inneren Deutschen. Du kennst die Richtlinien! Du weißt, daß, wenn die Zeit reif ist, fortgesetzt und immer weiter die »Wanderjahre« zu schreiben sind.

Wieviel fahrig beschäftigte Menschen! Netzwerkbetreuer, Abfallbeauftragte, Drehbuchautoren, allesveranstaltende Veranstalter! Kein einziger ruhiger Zoologe unter ihnen, keine verdienten Offiziere, kein Diamantschleifer.

Dagegen die Berufsmenschen, die zuerst der lesende Junge, der Schüler in den Novellen kennenlernte, Bergleute, Pfarrer, Gutsverwalter – Charaktere, die ihn hinaus geleiteten in die Menschenwelt, sie haben das Bild vom symbolischen Einklang zwischen Charakter und Beruf geprägt. Und ihre Tätigkeiten waren dem Erzählen adäquat, diese Menschen waren ja erzählbar aus ihren Berufen heraus. Den meisten heute ist ihr Beruf zu eigentlich geworden. Sie sind nicht mehr aus Herkunft ihm zugeordnet, die Berufe sind nur noch Reizungen für ihren Ehrgeiz, ein Mittel, um ihre sozialen Absichten zu verfolgen, ihren Status zu zimmern, ihren Egoismus zu befriedigen, cura sui. Anachronist wird man unter anderem auch aufgrund der frühen Verführung durch Werke, die selbst schon das Unzeitgemäße als poetische Sphäre nutzten. Die ersten Prägungen, die die epische Beschwörung vergangener Zeiten hinterließ, blieben ein Leben lang latent und kommen spät erst zur vollen Wirkung. Unter ihr sieht man dann die allgemeinen Fortschritte des Beschäftigtseins sämtlich für menschlich trostlos an. Nichts erreicht hier je die Dignität des gelesenen Lebens, wo das Feste, Wärmende und Zugehörige stillschweigende Voraussetzung für die geschilderten Konflikte waren.

Dasselbe, unter der historischen Schwelle des Wahrnehmbaren gesagt, gehört »zu den verfließenden Gleichgültigkeiten des Tages« (Simmel). Doch einmal über die Schwelle gehoben, macht es Weltgeschichte.

Doch gilt auch: Das Unumstößlichste heute gesagt ist morgen das Hinfälligste, kein Wort ausgenommen.

Ein Weitersagen zu Beginn des 18. Psalms: Der Himmel erzählt vom Ruhm des Schöpfers, der Tag verkündet's dem Tag, und die Nacht sagt's der Nacht. Nox nocti indicat scientiam. Auf Anhieb liest es sich so: die Nacht teilt ihr Wissen nur mit einer anderen. Träume verständigen sich nur untereinander.

Man kann auch sagen: das Leben verläuft sich, verliert sich, oder es glüht aus, wie manche es vom Universum annehmen. Nichts unter der Sonne kreist und kehrt in seinen Anfang zurück. Die Zeit wird alles besiegen, zum Schluß sich selbst. Ihr Pfeil durchstößt Kreislauf und Wiederkehr. Alles Runde tröstet, die eine Spitze tötet. Der Kreis wurde nur zu unserem Trost erfunden.

Und der Idiotes sagt: Ich bin schön – geworden. Der alte Spiegel hält nicht mit. Wo darf ich mich sehen?

Das Alter löst sich in Zauber und Feerie – oder es verschrumpelt zu unansehnlicher Trockenheit. Benjamin spricht vom »seelenvollen Wuchs der alternden Gestalt« (bei Paul Valéry).

Wer zu den Alten, wie man sie früher meinte, den Alten des klassischen Altertums aufschließt, den wird sein persönliches Altern nicht verlegen machen.

Die Emanzipierten aller Schattierungen haben die Greisengesellschaft hervorgebracht.

Die Anhänger kulturell überlebensfähiger Altertümer ermöglichen eine zyklisch sich verjüngende Gesellschaft infolge geistigen Wachstums. Die Emanzipierten pflegen den sozialen Fortschritt, verbunden mit Zyklen des materiellen Wachstums. Sie befördern eine Gesellschaft des Absterbens.

Herrliches Wort Poussins am Ende seines Lebens: Je n'ai rien négligé.

Ich habe nichts außer Acht gelassen.

Das sage einer heute! Nicht könnte er sagen: ich habe alles bedacht, was das Zeitalter mir zu bedenken gab. Dazu reichte ja niemandes Lebenszeit. Aber: ich habe nichts außer Acht gelassen – das wäre schon das Äußerste.

ER GING NUN FRIEDLICH UND VERWUNDERT unter den Leuten umher. Für sie war er versiegt, das spürte er wohl selbst, die ganze Person war ihnen nur noch zum Übersehen da. Er konnte aber vor ihnen nichts mehr bekennen und den Leuten sagen: da geht ein *anderes* Wissender unter euch!

Nein, er habe nur selten kommuniziert, jedoch genügend gesprochen mit ansprechbaren und ansprechenden Personen. Seine Position sei für ihn die einzig richtige, sonst aber für niemanden empfehlenswert. Er würde niemals Propaganda für sie machen.

Keine Sehnsucht. Keine Gewißheit. Eher eine Blumenexistenz: einfache Öffnung zum Licht.

Ohne Erwartung auf das Ende. Vom Unabsehbaren gewärmt.

Heiterkeit der Abstinenz wird die vorherrschende Laune des Idioten sein.

Und so redet er immer noch wie ein Angesprochener.

»Medizin gegen den Zeitgeist.«

Tilman Krause, Die Welt

ALLE LIEFERBAREN TITEL, INFORMATIONEN UND SPECIALS
FINDEN SIE ONLINE

www.dtv.de **dtv**